Daniel Rimb   ′†),
Doris

Schloss und Park Altenstein

STIFTUNG
THÜRINGER SCHLÖSSER
UND GÄRTEN

Titelbild: Der Innenpark von Schloss Altenstein, Ansicht von Osten
Umschlagrückseite: Das Knotenbeet auf der Mittleren Schlossterrasse

Impressum

Redaktion Dr. Susanne Rott
Mitarbeit Bildredaktion Maria Porske
Lektorat Andrea Hahn
Satz und Bildbearbeitung Rüdiger Kern, Berlin
Druck und Bindung Grafisches Centrum Cuno, Calbe (Saale)

Bibliografische Information der Deutschen Nationalbibliothek
Die Deutsche Nationalbibliothek verzeichnet diese Publikation
in der Deutschen Nationalbibliografie; detaillierte bibliografische
Daten sind im Internet über http://dnb.dnb.de abrufbar.

Amtlicher Führer der Stiftung Thüringer Schlösser und Gärten
2., überarbeitete Auflage 2022

© 2022 Stiftung Thüringer Schlösser und Gärten, Rudolstadt,
und Deutscher Kunstverlag GmbH Berlin München,
Lützowstraße 33, 10785 Berlin

ISBN 978-3-422-80093-9
www.deutscherkunstverlag.de

Inhaltsverzeichnis

Einführung – Altenstein und Liebenstein unter den Meininger Herzögen

Im Norden der Gemarkung von Bad Liebenstein – dem ältesten Thüringer Kur- und Badeort – erstreckt sich auf einem über 160 Hektar großen Areal der Landschaftspark Altenstein.

Das Schloss Altenstein zählt zu den herausragenden Schöpfungen historistischer Baukunst in Deutschland und diente bis 1918 den Herzögen von Sachsen-Meiningen als Sommerresidenz. Unter hervorragender Ausnutzung der natürlichen Gegebenheiten entstand in dieser Zeit nicht nur einer der bedeutendsten Landschaftsgärten Deutschlands, sondern es entwickelte sich durch geschickte garten- und baukünstlerische Inszenierung sowie die Verflechtung von Park und Landschaft die weit über die engeren Park- und Kuranlagen ausstrahlende Altenstein-Liebensteiner Kulturlandschaft.

Der ab Juli 1782 allein regierende Herzog Georg I. von Sachsen-Meiningen (1761–1803) fand ganz am Ende des 18. Jahrhunderts besonderen Gefallen am Altenstein. Sein Entschluss, sich hier eine Sommerresidenz mit weitläufigem Landschaftsgarten zu schaffen, stand in engem Zusammenhang mit dem von ihm gleichzeitig initiierten, neu aufstrebenden Kurbetrieb rund um die nahe Heilquelle unterhalb der Burgruine Liebenstein. Dieser Sauerbrunnen im gleichnamigen Ort wurde erstmals 1590 urkundlich erwähnt, als Hermann von Stein zu Liebenstein einen ersten Brunnenplatz herrichten ließ. 1601 wurde die Heilquelle auf Veranlassung seines Lehensherrn Herzog Casimir von Sachsen-Coburg erstmals untersucht und systematisch für Kuranwendungen genutzt. Dieser – zunächst einfache – Aufbau eines geregelten Kurbetriebs unter Herzog Johann Casimir (1564–1633) begründete Thüringens ältestes Heilbad – Bad Liebenstein. In der 1610 vom Universalgelehrten Andreas Libavius verfassten *Brunnenschrift* (einer der ältesten in Europa) werden die zu erwartenden Heilwirkungen des „Casimirischen Saur Brunnens" ausführlich dargestellt. Der Dreißigjährige Krieg beendete diese erste kurze Blütezeit des Bads. 1673, mit dem Aussterben der Familie Stein zu Liebenstein im Mannesstamm, fielen die Burg und das Gericht als erledigtes Lehen an Herzog Ernst den Frommen von Sachsen-Gotha (1601–1675). Nach der Landesteilung 1680/81 gehörte das Amt Liebenstein zur Linie Sachsen-Meiningen und wurde vom zweiten Meininger Herzog, Ernst Ludwig I. (1672–1724), der die Regierungsgeschäfte für seine beiden Halbbrüder führte, 1710 an den Hof- und Kammerrat Friedrich Albert von Fischern als „Sohn- und Tochterlehen" verkauft. Die Familie von Fischern ließ ein Schloss unterhalb des Burgbergs errichten. Der Altenstein kam 1722 wieder in Meininger Besitz, Liebenstein folgte im Jahr 1800. Herzog Georg I. (1761–1803) pachtete bereits 1799 das Liebensteiner Bad probeweise und investierte mehrere tausend Reichstaler in die Verbesserung des dortigen Kurbetriebs. Am 1. März 1800 übernahm Georg I. „Rittergut und Gericht Liebenstein" und damit auch den Liebensteiner Gesundbrunnen für 110 000 Gulden von den Vorbesitzern, der Familie von Fischern.

In der Zeit bis 1803 erfolgte gleichzeitig der zügige Ausbau des Bads, der Anlagen rund um das Schloss Altenstein und deren Verknüpfung zur Altensteiner-Liebensteiner Kulturlandschaft. Durch den Bau einer Allee wurden die Orte Sauerbrunnen und Grumbach – auch städtebaulich – zur Gemeinde Liebenstein vereinigt, aus dem Schloss der Familie von Fischern entstand das „Neue Schloss", das erste bis heute mehrfach umgebaute Kurhaus. An der Quelle wurden ein „Comödien-Saal und Baadehaus" sowie in dessen Nähe ein großes Gasthaus und mehrere kleinere Beherbergungsgebäude errichtet. 1804/05 entstand eine erste herzogliche Sommerresidenz in Liebenstein, das klassizistische Palais Weimar. Die Neugestaltung des „Liebensteiner Sauerbrunnens" umfasste auch die Schaffung von großzügigen Promenadenwegen, Plätzen und Gärten. Wichtig war hierbei die Einbeziehung und Gestaltung der landschaftlichen Besonderheiten der Umgebung, wie zum Beispiel der „Felsengrotte" (Erdfall), der „Hohlen Scheuer" (Felsentheater), und die Anbindung und Erschließung des Burgbergs. Die dortige Ruine der bereits seit 1678 endgültig verlassenen Burg Liebenstein blieb unter Georg I. als romantische Staffage erhalten und wurde als Aussichtspunkt und Blickziel in die Landschaftsgestaltung einbezogen.

Auch in den folgenden Jahrzehnten prägten die Meininger Herzöge das Bad Liebenstein entscheidend. Die mehrfachen Besuche 1834, 1844 und 1846 der britischen Königin beziehungsweise Königinwitwe Adelaide (Adelheid), der ältesten Schwester von Herzog Bernhard II. Erich Freund (1800–1882), auf dem Altenstein und in Liebenstein sorgten für einen Entwicklungsschub. Besonders ihr letzter Aufenthalt in der alten Heimat 1846 wurde ausgiebig gefeiert. Zu Ehren der Königinwitwe wurde an ihrem 54. Geburtstag, dem 13. August, ein prächtiges Volksfest mit tausenden Besuchern auf dem Altenstein abgehalten.

1840 veranlasste Herzog Bernhard II. die Gründung einer Kaltwasserheilanstalt in Bad Liebenstein und sorgte damit für eine Belebung des Kurbetriebs. Aus der Kaltwasserheilanstalt ging nach Jahrzehnten des erfolgreichen Betriebs das Sanatorium (später Krankenhaus) hervor. Es war ebenfalls Bernhard II., der dem Pädagogen Friedrich Fröbel (1782–1852) im Jahr 1850 das Marienthaler Schlösschen als Wohn- und Arbeitsstätte zur Verfügung stellte. Dort gründete der Erfinder des Kindergartens die weltweit erste Schule zur Ausbildung von Kindergärtnerinnen. 1850 veranstaltete Fröbel ein großes Kinder- und Jugendspielfest auf dem Altenstein. Dieses Fest wurde 1927, im 75. Todesjahr Fröbels, wiederholt.

1851 wurde die Esplanade als zweite großzügige Kurpromenade des Bads angelegt und 1865 bis zum gerade im Bau befindlichen (erb-)herzoglichen Grandhotel Bellevue, dem einst „besten Hotel Thüringens", verlängert. 1860 begannen mit der Errichtung der äußerlich an alpenländischen Motiven orientierten Villa Feodora die Arbeiten an der ersten der drei Sommerresidenzen des späteren Herzog Georg II. (1826–1914) in Bad Liebenstein und auf dem Altenstein. 1874 folgte die Fertigstellung der Villa Georg, nach Aussagen des Herzogs ein englisches „Cottage", und von 1888 bis 1890 schließlich der umfassende Umbau des Altensteiner Schlosses.

Bereits 1872 waren jedoch die herzoglichen Kureinrichtungen einschließlich des Hotels Bellevue an ein Dresdner Bankhaus verkauft worden. Der unmittelbare Einfluss des Herzogshauses auf die Entwicklung des Bad Liebensteiner Kurwesens war damit beendet.

Geschichte und Architektur von Schloss Altenstein

Das Altensteiner Zechsteinriff entstand vor rund 255 Millionen Jahren am Rande einer Insel des Zechsteinmeeres und ist mit einer Fläche von rund 1,6 Quadratkilometern einer der größten fossilen Einzelriffkörper Deutschlands. Am westlichen Ende dieses zum Tal steil abfallenden Zechsteinplateaus am südwestlichen Rand des Thüringer Waldes wurde bereits im frühen Mittelalter eine fränkische Grenzburg errichtet, der im Laufe der Jahrhunderte noch mehrere Burganlagen verschiedener Besitzer folgten.

Ab 1722 bestimmten Angehörige des Meininger Herzoghauses die Geschicke des Altenstein. In dieser Zeit entstand in den 1730er Jahren – unter dem später allein regierenden Herzog Anton Ulrich (1687–1763) – zunächst ein einfaches barockes Landschloss, das unter Herzog Georg II. am Ende des 19. Jahrhunderts zu einem einmaligen historischen Gesamtkunstwerk umgeformt wurde.

Die Burgenzeit

Urkundlich wird die in strategisch günstiger Lage errichtete Burg zunächst meist mit dem Namen „der Stein" (*lapis*) bezeichnet. Der Legende nach lässt im Jahr 724 der Heilige Bonifatius in deren Nähe eine Kapelle mit Priesterhaus errichten. 1116 sitzt ein Dudo von Stein als Lehensmann der Fuldaer Abtei auf der gleichnamigen Burg. Später im 12. Jahrhundert ging die Burg Stein an das Rittergeschlecht der Frankensteiner.

1150 wird erstmals eine weitere Steinburg („novum castrum in lapide") erwähnt. Diese Neuenburg oder Nauenburg, im Bereich des heutigen Bonifatiusfelsens, machte eine namentliche Unterscheidung der beiden eng benachbarten Steinburgen notwendig. Die Burg Stein wird nun zum „alten Stein". Seit dem 1346 erfolgten Verkauf der älteren Burg, „des alten Steins", mit den Dörfern Gumpelstadt und Waldfisch an die Wettiner Markgrafen, namentlich an den Thüringer Landgrafen Friedrich den Ernsthaften (1310–1349), hieß die ältere Burg nun in einigen Urkunden (1382 und 1445) auch „Markgrafenstein". Dieser Name konnte sich jedoch nicht durchsetzen, es blieb – wohl für immer – beim „Alten-Stein".

1353 kamen auch die Orte Steinbach, Schweina und Profisch in den Besitz der Thüringer Landgrafen. Zusammen mit Gumpelstadt und Waldfisch bildeten sie von nun an das Gericht beziehungsweise Amt Altenstein. Von der Mitte des 14. bis zum Beginn des 15. Jahrhunderts war der Altenstein durch die damaligen Burgmannen zu einem berüchtigten Raubritternest verkommen.

In Folge der Leipziger Teilung 1485 kam der Altenstein in den Besitz der Ernestiner. 1492 übergaben Kurfürst Friedrich III. (Friedrich der Weise) von Sachsen (1463–1525) und sein Bruder Johann ihrem „Thürknecht" (Kammerjunker) Hans Hund von Wenkheim zum Dank für treue Dienste Amt und Schloss Altenstein als erbliches Mannlehen. Für über 200 Jahre verblieb nun der Altenstein im Besitz der Herren Hund von Wenkheim. Die nahe Neuenburg oder Nauenburg war lange im Eigentum der Herren von Frankenstein, die sie 1330 an Berthold von Henneberg veräußerten. Erst 1495 kaufte Hans Hund die Nauenburg zum Altenstein hinzu. Besondere Bedeutung erlangte der Burgherr Burkhard II. Hund von Wenkheim, da dieser an der Scheingefangennahme Martin Luthers auf dem Rückweg vom Wormser Reichstag am 4. Mai 1521 oberhalb des Altenstein entscheidend mitwirkte und ihn zu seinem Schutz auf die Wartburg bringen ließ. Die Stelle der „Gefangennahme" Luthers – etwa drei Kilometer oberhalb des Altensteins – ziert seit 1857 ein von Herzog Bernhard II. Erich Freund gestiftetes Denkmal. Das Lutherdenkmal wurde direkt neben der Lutherbuche errichtet, die den Ort der Gefangennahme über Jahrhunderte „markierte". Entsprechend des testamentarischen Vermächtnisses von Königin Adelheid erfolgte 1850 die Pflanzung eines Ablegers der Lutherbuche in der Nähe von Adelaide Cottage im Park von Windsor Castle.

Im Bauernkrieg noch verschont, nahm die Burg Altenstein 1554 im Zweiten Markgräflerkrieg erheblichen Schaden, sie wurde ab 1557 als burgähnliches Schloss neu errichtet. In der zweiten Hälfte des 16. und im 17. Jahrhundert wurden die Burgherren vom Altenstein durch ihre zahlreichen – auch vor dem Reichsgericht ausgetragenen – Streitigkeiten mit den Gemeinden des Amts sowie durch unrühmliche Hexenprozesse weithin bekannt. Die vermeintlichen Hexen wurden hierbei teilweise im zum „Hexenturm" umfunktionierten Bergfried der Burg gefangen gehalten.

Gerhardt & Schreiber, Der alte Stain 1585, Lithografie, um 1850

Der letzte Hund von Wenkheim, der kinderlose Ehrhard Friedrich (1647–1722), betätigte sich in seiner zweiten Lebenshälfte allerdings als Wohltäter. So ließ er den Hexenturm 1699 endgültig schließen, unterstützte die Armen und wertete die Ausstattung der Kirche in Schweina durch Schenkungen auf. Auch gründete er durch eine Stiftung im Jahr 1708 das Waisenhaus in Schweina, das in abgewandelter Form bis heute fortbesteht. Mit seinem Tod am 10. Juli 1722 auf dem Altenstein erlosch das Haus Hund von Wenkheim. Burg und Gericht Altenstein fielen damit an das Herzogtum Sachsen-Meiningen. Da kein Erstgeburtsrecht existierte, mussten die drei überlebenden Söhne von Herzog Bernhard I. zunächst gemeinsam regieren, was zu endlosen Streitigkeiten und einer weiteren Verarmung des Landes führte. Der jüngste der drei Söhne Bernhards, Anton Ulrich (Alleinregent ab 1746), wollte den Altenstein schon 1722 „als dritten Theil an den Hundischen Gerichten" in seinen persönlichen Besitz nehmen. Um dies sofort verkünden zu können, wartete er am Sterbebett des Ehrhard Friedrich Hund von Wenkheim auf dessen Ableben. Die wenig später eingesetzte Kommission sah seine Ansprüche aber anders: Aus dem vormaligen Gericht der Hund von

Blick vom Bonifatiusfelsen auf das Schloss, den damaligen Rossini-Bau vor dem Umbau unter Georg II., Fotografie um 1880

Wenkheim wurde ein fürstliches Amt gebildet, die Güter wurden verpachtet und von der herzoglichen Kammer verwaltet.

Das Barockschloss

Anton Ulrich veranlasste – als seit 1727 anerkannter Mitregent des Herzogtums – nach der Zerstörung der letzten Altensteiner Burg durch Brandstiftung 1733 die Errichtung eines schlichten Barockschlosses durch den italienischen Baumeister Alessandro Rossini. Die Hauptfassade war nach Osten gegen das ansteigende Bergplateau gerichtet, wodurch die von Anton Ulrich erwartete Fernwirkung ausblieb. Der Bauherr wurde wegen seiner notorischen Abwesenheit damit jedoch erst 1737 konfrontiert. Er war über die Ausrichtung des Gebäudes, wohl aber vor allem über das dortige unansehnliche Vorwerk einschließlich eines Misthaufens so erzürnt, dass er den Altenstein bis zu seinem Tod 1763 nie wieder besuchte. Der Baumeister Rossini konnte sich der Legende nach dem Unwillen Anton Ulrichs nur durch rasche Flucht entziehen.

Bis fast zum Ende des 18. Jahrhunderts blieb nun Altenstein von herrschaftlicher Seite weitgehend unbeachtet. Das Schloss wurde nur von fürstlichen Amtsleuten bewohnt. Direkt am Altensteiner Schloss befanden sich zu dieser Zeit noch Stallungen, ein Wirtshaus und kleine, auf Terrassen angelegte Gärten. Herzog Karl (1754–1782) war mit dem Barockschloss seines Vaters offenbar zufriedener als dieser, denn in seiner Regierungszeit wurden 1779 Umbaumaßnahmen daran vorgenommen. Ähnliches galt für seinen jüngeren Bruder Georg (1761–1803), der nach dem Tod Karls 1882 Alleinregent war. Mit dem Altenstein bereits länger vertraut, hielt er sich ab 1798 regelmäßig mit seiner Familie im Schloss auf und leitete die umfangreichen Umgestaltungsarbeiten im dortigen Park und im Bad Liebenstein. Damit wurde der Altenstein endgültig zu einer Sommerresidenz des Meininger Herzogshauses. Ob Georg I. das Schloss grundsätzlich umbauen lassen wollte, ist nicht bekannt. Jedenfalls musste zunächst die unmittelbare Schlossumgebung von den wenig attraktiven Zweckbauten befreit werden. Die neuen Wirtschaftsgebäude, das sogenannte Hofmarschallamt mit Seitenflügeln und Kopfbauten, wurden noch unter Georg I. als axiales Gegenstück zum Schloss konzipiert und begonnen, nach dessen frühen Tod 1803 jedoch nur schrittweise verwirklicht und erst 1827 endgültig fertiggestellt. Mit diesem Gebäudeensemble erhielt der Innenpark seinen bis heute erhaltenen östlichen Abschluss.

Nicht verwirklichte Pläne

Herzog Bernhard II. Erich Freund regierte Sachsen-Meiningen ab 1821. Durch seine ältere Schwester Adelheid, die 1818 den Herzog von Clarence, den späteren König William IV. (reg. 1830–1838) heiratete, bestanden engste Verbindungen nach Großbritannien. Adelheid, ab 1830 Queen Adelaide, besuchte mehrfach ihre alte Heimat und nahm dann nebst Gefolge meist auf dem Altenstein oder in Liebenstein Quartier. Auch die Meininger Verwandtschaft, darunter Adelheids Bruder Herzog Bernhard II. Erich Freund und der Erbprinz Georg, besuchte Adelheid einige Male in England, zuletzt in ihrem Todesjahr 1849. Adelheid gab ihrem Bruder regelmäßig großzügige finanzielle Unterstützung, unter anderem für seine Bauvorhaben.

Im Sommer 1834 besuchte Queen Adelaide Altenstein und Liebenstein. Die verwöhnte englische Hofgesellschaft war von dem „altmodischen"

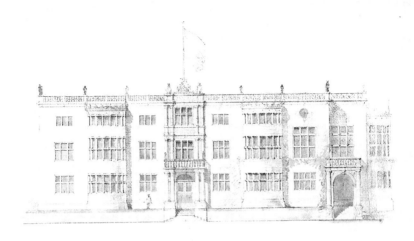

Friedrich August Stüler, Umbauentwurf für Schloss Altenstein, aquarellierte
Bleistiftzeichnung auf Karton, Februar 1850

Park, ganz ohne Blumen, und auch dem sehr schlichten Barockschlösschen
wenig begeistert. In der Folgezeit ließ sich Herzog Bernhard II. mehrfach
Pläne zum Umbau des Schlosses vorlegen. Am intensivsten beschäftigte
sich hiermit, wohl auf Vermittlung von Adelheid, 1834 Sir Jeffry Wyatville
(1766–1840), der einen Neubau in neugotischer Formensprache vorschlug.
Wyatville ist vor allem durch seine Veränderungen und Erweiterungen von
Windsor Castle und Chatsworth House in Erinnerung geblieben.

Der spätere Umbauentwurf von Richard Lucae (1829–1877) aus dem Jahr
1866 bediente sich hingegen französischer Vorbilder. Im gleichen Jahr legte
Ulrich von Salpius (1828–1867) eine Zeichnung für den Neubau von Schloss
Altenstein vor. Dieser Entwurf ließ auf Grund seiner Gigantomanie der
Türme, Terrassen, Substruktionen, Wasserkaskaden et cetera zwar keinerlei
Wünsche offen, er musste aber für das kleine Sachsen-Meiningen von vorn-
herein Utopie bleiben.

Ein weiterer Entwurf von Friedrich August Stüler (1800–1865) aus dem
Jahr 1850 wurde wie die genannten ebenfalls nicht verwirklicht und nach
späteren Aussagen von Herzog Georg II. auch zahlreiche andere nicht. Er
gab aber bereits die Richtung der baukünstlerischen Entwicklung auf dem
Altenstein ab 1888 unter Georg II. vor. Stüler regte mit seiner Zeichnung, die

wohl auf Vermittlung des damaligen Erbprinzen Georg vorgelegt wurde, den 40 Jahre später erfolgten Umbau im Stil englischer Herrenhäuser an. Einige Elemente des damaligen Entwurfs finden sich später sogar in sehr ähnlicher Form wieder: die risalitartig vortretenden *bow windows*, der Eingangsbau, Portikus, und der von Doppelsäulen getragene Altan.

Ungeachtet der vielen unverwirklichten Pläne für das Schloss empfing die herzogliche Familie in dieser Zeit bekannte Persönlichkeiten auf dem Altenstein. Hierzu gehörten, neben verschiedenen gekrönten Häuptern, unter anderen Clara Wieck (später Clara Schumann), Franz Liszt, der Wirtschaftstheoretiker Friedrich List, der Dichter Ludwig Tieck und der Komponist Carl Loewe.

Schlossumbau – nach „altenglischen" Vorbildern

Mindestens seit den 1850er Jahren hatte sich der damalige Erbprinz Georg bereits persönlich mit dem Umbau des Altensteiner Schlosses beschäftigt. Auch nach der Abdankung seines Vaters 1866 blieb dem nunmehrigen Herzog Georg II. zunächst der unmittelbare Zugriff auf das Schlossgebäude verwehrt, da es seinen Eltern weiterhin als ständige Sommerresidenz diente. Erst nach dem Tod seiner Mutter Marie im Januar 1888 konnte sich Georg II. der Verwirklichung seiner alten Pläne zur Umgestaltung des Schlosses widmen. Sofort nach dem Tod seines Vaters 1882 veranlasste er verschiedene Neugestaltungen im Park. So wurden beispielsweise ab 1885 die Gartenterrassen am Schloss mit Pergolen ausstattet.

In direkter Zusammenarbeit mit seinen Architekten Neumeister und Hoppe entwickelte Georg II. im Jahr 1888 die neue Baugestalt für das Schloss. Der Herzog gab den Baumeistern direkte persönliche Anweisungen und teilweise skizzenhafte Vorgaben, unter anderem für Gestaltelemente und die baulichen Vorbilder, vor allem aus der Zeit der englischen Renaissance beziehungsweise des englischen Manierismus. Hierzu gehören Knole House (1543–1608), Hatfield House (1607–1611) sowie Holland House (1604–1635). Diese Gebäude waren Georg II. durch die Lithografien im vierbändigen Werk *The Mansions of England in the Olden Time* (1839–1849) von Joseph Nash (1809–1878), nach Fotografien sowie teilweise auch aus eigener Anschauung bekannt.

Herzog Georg II. von Sachsen-Meiningen, „Etwas zu sehr ins Breite gezogen durch meine Zeichnerei", Umbauentwurf für Schloss Altenstein, Federzeichnung, 1888

Alle Mauern wurden grundhaft für eine „typisch englische" Steinsichtigkeit der Fassadenflächen überarbeitet. Der barocke Vorgängerbau wurde erhöht, in nördliche Richtung verlängert und dort zusätzlich mit einem großen *bow window* ausgestattet. Der Baukörper wurde durch das nach Westen vergrößerte Haupttreppenhaus und die zwei kleineren, an der Ostseite angefügten *bow windows* sowie durch einen arkadenförmigen Eingangsbau zusätzlich erweitert. Ein vom Hauptgebäude abgesonderter Küchenneubau in Fachwerkbauweise komplettierte den 1890 abgeschlossenen Umbau.

Die *dutch gables* (geschweiften Knickgiebel) mit den Obeliskenaufsätzen sind Knole House (Sevenoaks/Kent) entlehnt. The Grand Staircase von Hatfield House (Herfordshire) war Vorbild für das Altensteiner Haupttreppenhaus. In Holland House (Kensington/London) skizzierte Georg II. im September 1888 höchstpersönlich Details eines Arkadenpfeilers, damit der neue Altensteiner Eingangsbau, der sogenannte Portikus, möglichst exakt nach diesem Vorbild gefertigt werden konnte. Die halbrunden *bow windows* waren bereits bei Stülers Entwurf aus dem Jahr 1850 stilbildend und sollten auch den Umbau ab 1888 prägen. Die Ähnlichkeit der Altensteiner *bow windows* und jener von Kirby Hall (Gretton/Northamptonshire) ist sicher ebenfalls nicht

Schloss Altenstein kurz nach dem umfassenden Umbau im Stil der Neorenaissance, historische Aufnahme, um 1890

zufällig. Für eine enge Verzahnung mit den Parkanlagen und der Landschaft sorgten der große Altan auf der Eingangsarkade, der kleinere Altan in der Mitte der Ostfassade sowie die Balkone auf der Ost-, Süd- und Westseite.

Für den neuen Speisesaal des Schlosses fertigte Georg II. eigenhändig drei farbige Zeichnungen an. Dessen endgültige Gestaltung im Stil der deutschen Spätrenaissance orientierte sich unter anderem auch am Festsaal des von 1879 bis 1885 errichteten Jagdschlosses Hummelshain. Auch die anderen halböffentlichen Räume und Flure waren durch Wand- und Deckenvertäfelungen aufwendig gestaltet. Die privaten Räume des Herzogs waren im „modern englischen Geschmack" eingerichtet. Kamine und Möbel wurden zum Teil aus England importiert und auch von englischen Arbeitern vor Ort aufgebaut.

Die große künstlerische Leistung war die harmonische Verschmelzung der aus unterschiedlichen Quellen entlehnten Bauelemente zu einem scheinbaren Renaissanceideal. Schloss Altenstein war, trotz der historisierenden Anmutung, technisch absolut auf der Höhe seiner Zeit. So wurden zum

Beispiel die Zierbekrönungen und Balustradenfüllungen als Betongussteile hergestellt, Stahlträger und Betondecken eingesetzt, der Verdunklung der Zimmer dienten Rolljalousien, das Gebäude wurde mit Trinkwasser versorgt und die Abwässer wurden abgeführt.

Dass die „altenglische" Baugestalt seines neuen Schlosses nicht dem politischen Zeitgeist entsprach, war Herzog Georg II. schon bei Baubeginn durchaus bewusst, denn er schrieb im April 1888: „Das Schloß würde etwas altenglisch aussehen, ganz gegen die Mode des Tags, da jetzt alles, was ans Englische von hinten oder vorne erinnert, als antideutsch und reichsfeindlich betrachtet" wird (Erck; Schneider, 1997, S. 309).

Die heute wohl bekannteste Persönlichkeit unter den zahlreichen hochrangigen Künstlern, Wissenschaftlern und Musikern mit denen Georg II. in engem Kontakt stand, war der Komponist Johannes Brahms (1833–1897), der sich 1894/95 mehrfach als Gast des Herzogs auf dem Altenstein aufhielt. Weitere prominente Gäste Georgs auf dem Altenstein waren Ernst Haeckel (1834–1919), Hans von Bülow (1830–1894) und Max Reger (1873–1916).

Die Zeit nach Herzog Georg II.

Herzog Georg II. starb im Juli 1914. Sein ältester Sohn Bernhard III. (1851–1928) übernahm nun die Regentschaft. Schon vier Jahre später endete nach 237 Jahren das Herzogtum Sachsen-Meiningen. Der Altenstein blieb nach 1918 zunächst in privatem Besitz der vormals herzoglichen Familie. Im Schloss kam es auf Grund fehlender finanzieller Mittel zu einem Instandhaltungsrückstau. Teile des Inventars mussten veräußert werden. Trotzdem erfolgten Ende der 1930er Jahre der Einbau einer Zentralheizung und die Installation einer neuen Elektroanlage. Nach dem Tod des Künstlers Prinz Ernst von Sachsen-Meiningen (dem Lieblingssohn von Georg II. und sogenannten Malerprinzen) auf Schloss Altenstein im Jahr 1941 verkaufte seine Witwe im Folgejahr den Altenstein an das Land Thüringen. Danach diente das Schloss als Erholungsheim für Offiziere der Wehrmacht. 1945 nutzten zunächst US-amerikanische, dann sowjetische Truppen die Anlage als Kaserne. In das Hofmarschallamt mit den Rundbauten zog eine Forst-, später eine Agraringenieurschule ein. Das Schlossgebäude wurde seit 1946 von der Handwerkskammer Thüringen als Schulungs- und Erholungsheim genutzt.

Brandruine des Schlosses, Fotografie, Februar 1982

Im Februar 1982 brannte das Schloss aufgrund eines Kurzschlusses in der veralteten Elektroanlage völlig aus, wodurch auch die baugebundene historische Ausstattung größtenteils zerstört wurde. 1985/86 erfolgte der Neuaufbau des Dachstuhls und eine Dachneueindeckung. Anschließend kamen die Arbeiten am Gebäude für mehrere Jahre jedoch fast völlig zum Erliegen. Mit der Übertragung von Schloss und Park Altenstein an die Stiftung Thüringer Schlösser und Gärten im Jahr 1995 konnte dann die Sanierung fortgesetzt und 2010/11 mittels einer Förderung aus dem Bundesprogramm „Investitionen für nationale Kultureinrichtungen in Ostdeutschland" intensiviert werden. Möglich waren damit die Wiederherstellung des Außenbaus und die Neueindeckung des Daches sowie der Beginn des Innenausbaus, um das Schloss für eine multifunktionale Nutzung vorzubereiten. Im Rahmen des Wiederaufbaues konnten im Jahr 2017 die Brahms-Gedenkstätte sowie das Chinesische Kabinett eröffnet werden, die im Rahmen von Führungen besichtigt werden können. Der vollständige Innenausbau und die unmittelbare Umgebung des Schlosses, der desolate Küchenbau und die untere Terrasse sollen mit dem Sonderinvestitionsprogramm I von Bund und Freistaat Thüringen saniert beziehungsweise wiederhergestellt werden.

Geschichte des Schlossparks

Ein wesentlicher Grund für den Entschluss von Herzog Georg I., den Altenstein ab 1798 als herzogliche Sommerresidenz zu gestalten, war – neben dessen Nähe zur Liebensteiner Quelle – die außerordentlich reizvolle, im romantischen Sinne an Alpenlandschaften erinnernde Topografie mit dem steil abfallenden und damals kaum bewaldeten Zechsteinriff, aus dem einzelne Felsklippen nahezu senkrecht herausragen. Diese Situation schien wie geschaffen, eine Szenerie nach den Idealvorstellungen der Gartenkunst am Ende des 18. Jahrhunderts zu formen. Herzog Georg I. hatte sich, wie sein bereits 15 Jahre zuvor entstandener Englischer Garten in Meiningen bezeugt, mit diesen Idealen identifiziert und wollte sie auf dem Altenstein ein weiteres Mal, nun aber in einer völlig anders strukturierten Landschaft, verwirklichen. Es blieb ihm dazu nicht viel Zeit. Denn schon 1803 starb er im Alter von nur 42 Jahren. Innerhalb dieser wenigen Jahre legte er jedoch den Grundstein für einen der bedeutendsten Landschaftsgärten Deutschlands. Der unter Georg I. begonnene Park wurde von Bernhard II. Erich Freund weiterentwickelt und nach Vorgaben des „Theaterherzogs" Georg II. am Ende des 19. Jahrhunderts vollendet.

Beginn der Parkgestaltung

Obwohl Herzog Georg I. und seine Gemahlin Louise-Eleonore Schloss Altenstein schon 1783 als Sommerquartier nutzten, begann die erste Gestaltungsphase des Parks erst mit dem Sommeraufenthalt des Paares im Jahr 1798. Ende 1798 kam der Altenstein unter direkte herzogliche Verwaltung. Im Frühjahr 1799 waren die im Jahr zuvor in den Altensteiner Anlagen begonnenen Arbeiten in vollem Gange: „Altensteins Höhen und Abhänge wimmelten von mehreren Hunderten Arbeitern […] um das Angenehme im Bunde mit dem Nützlichen, dem Arbeiter Brod, dem Gebildeten Naturgenuß zu verschaffen und seinen [Georgs] Altenstein zum reizendsten Anziehungspunkte im weiten Umkreis zu machen" (Rückert, 1852, S. 118).

Bereits 1798 wurde Georg während seines Sommeraufenthalts zweimal von Herzog Carl-August von Sachsen-Weimar-Eisenach (1757–1828) be-

Samuel Friedrich Diez,
Herzog Georg I. von
Sachsen-Meiningen
als Parkgestalter auf
dem Altenstein, im
Hintergrund das
Chinesische Häuschen
und das Schloss,
Ölgemälde, um 1850

sucht. 1799 hielten sich dieser sowie Herzog Ernst II. von Sachsen-Gotha-Altenburg (1745–1804), Fürst Ludwig Friedrich II. von Schwarzburg-Rudolstadt (1767–1807) und der Landgraf Adolf von Hessen-Phillipsthal-Barchfeld (1743–1803) als Gäste Georgs auf dem Altenstein und in Liebenstein auf und nahmen Anteil an der Gestaltung der dortigen Anlagen.

In kurzer Folge wurden ab 1798 durch Erschließung und künstlerische Neuinterpretation von Felspartien verschiedene Parkszenerien geschaffen. Der Darresfelsen am Schloss (auch „Terrasse" genannt) wurde als Aussichtspunkt zugänglich gemacht. Als Felsbekrönungen entstanden die „gotische Kapelle" (heute Ritterkapelle), die Teufelsbrücke, die Sennhütte mit künstlichem Wasserfall, das Chinesische Häuschen sowie das Denkmal für die Herzoginmutter Charlotte Amalie (Blumenkorbfelsen mit Greifenbank).

1799 wurde mit einem Straßenneubau zur Anbindung des Schlossareals begonnen. Bei den Bauarbeiten entdeckte man auch die Altensteiner Höhle, die kurz darauf öffentlich zugänglich gemacht und als wesentlicher Bestandteil in die begonnene Parkgestaltung einbezogen wurde. Nach der endgültigen Fertigstellung der neuen Wirtschaftsgebäude und des Bassinrasens war ein Ensemble entstanden, das mit dem Schloss nicht nur stilistisch eine Einheit bildete, sondern in seiner räumlichen Geschlossenheit auch den Grundstein für den später als „Innenpark" bezeichneten engeren Bereich der Gesamtanlage legte.

Künstlerische Veredlung der Naturlandschaft

Herzog Georg I. beschäftigte sich, wie viele Fürsten und begüterte Adlige seiner Zeit, eingehend mit den aktuellen Fragen der Gartenkunst. Das belegt die im Staatsarchiv Meiningen aufbewahrte, nur fragmentarisch erhaltene Abhandlung *Gedanken des Herzogs Georg I. über die Kunstanlagen von sogen. Englischen Gärten* (ca. 1790–1803). In seiner Theorie zur Gartengestaltung führt er aus: „Unser[e] Anlagen müssen uns gleich einem schönen Gemälde des Claude Lorrain mehrere Naturformen nebeneinander liefern. Auch hier muss man sorgfältig das Gedrängte vermeiden. Dies war der Fehler bei den meisten unserer Anlagen. Man konnte nicht genug Gegenstände auf sein Bild bringen und dadurch geschah es, dass man im Haufen der Gegenstände viele Dinge zusammenbrachte, die in der wahren Natur nie

Die Gotische Kapelle.

Wilhelm Adam Thierry, Entwurfszeichnung für die Gotische Kapelle (heute Ritterkapelle), kolorierter Kupferstich, um 1801

beisammen wohnen würden" (zit. nach Stephan, 2004, S. 229). Wohl auch aus der Erfahrung der Gestaltung seines eigenen Englischen Gartens in Meiningen sowie anderer Anlagen, wo einige Szenen zu dicht gereiht und vieles in Gänze künstlich geschaffen werden musste, beziehungsweise im Vorgriff oder in Bezug auf die gerade begonnene Verschönerung rund um den Altenstein empfiehlt er die „Benutzung, Verschönerung der Gegend" als „Hauptzweck unserer Anlagen" (zit. nach Stephan, 2004, S. 227). Wird die vorhandene Natur „genutzt", muss nicht die Naturlandschaft selbst, zum Beispiel durch Felsen oder Höhlen künstlich geschaffen werden: „Zumal [sich] aus unsrer meisten Gegenden die herrlichsten Naturszenen darbieten, es also nur darauf ankommt, sie zu benutzen" (Stephan, 2004, S. 227). Analog zu Wörlitz, das Georg I. diesbezüglich gleich zweimal erwähnt, forderte er, „das Nützliche mit dem Schönen" zu verbinden (zit. nach Stephan, 2004, S. 228). Viele dieser selbstformulierten Gestaltungsideale hat er auf dem Altenstein verwirklichen können. Die einzelnen Szenen sind zwar durch Wege, Sinn- und Sichtbeziehungen verbunden, sie können jedoch stets auch einzeln wahrgenommen werden und wirken nirgends gedrängt. Stets wurden die natürlichen Gegebenheiten, insbesondere die Felsbildungen und Höhlen für die Verschönerungsmaßnahmen unter Georg I. genutzt und dadurch über- höht. Chinoise Szenerien und alpenländische beziehungsweise europäische Motive sind jeweils in verschiedenen Gartenbereichen zusammengefasst, sodass harmonische Eindrücke entstehen konnten. Bei der Parkgestaltung setzte Georg I. auf Assoziationen durch zum Beispiel nach „Schweizer" oder „chinesischem" Vorbild gestaltete Partien. Dabei wurde bewusst nicht die heimische Landschaft in Szene gesetzt. Gestaltung und Bezeichnung verwie- sen auf weit entfernte Landschaftsbilder, die im Gartenzusammenhang be- quem, ohne Reisestrapazen und gelegentlich auch mit wohldosiertem Schre- cken wahrgenommen und als authentisch empfunden werden konnten. So auch auf dem Altenstein, hier sollten die Partien im Luisenthal mit Senn- hütte und Wasserfall sowie die Teufelsbrücke durch Gestaltung und Bezeich- nung den Besucher gedanklich in die Schweiz versetzen. Ähnliches galt für die – wegen des frühen Tods von Georg I. nur teilweise fertiggestellten – chi- noisen Partien im Südosten des Parks. Hier sollte der Besucher nach „China" reisen. Noch einen Schritt weiter konnte man allerdings in der Altensteiner Höhle gehen. Nach Errichtung des „antiken Tempelportals" am künstlich aufgestauten Bach im Jahr 1802 konnte der Besuch mit allen Sinnen in die griechisch-mythologische Unterwelt eintreten und dort sogar den Fluss Styx oder den Acheron befahren.

In der ersten Gestaltungsphase des Altensteiner Parks unter Georg I. kommt eine noch teilweise den gartenkünstlerischen Idealen der frühen Aufklärung verpflichtete, sentimentale Naturschwärmerei mit der Vorliebe für Staffagearchitekturen, Chinoiserien und Exotisches zum Ausdruck. Zum typischen Repertoire eines malerischen Landschaftsgartens des ausgehenden 18. Jahrhunderts gehörten unter anderem gotische Bauwerke, Antikenzitate, Chinoiserien, Ruinen, Alpenszenerien, gewundene Bachläufe, Wasserfälle, altehrwürdige Bäume, Felsen und Höhlen. All diese Elemente sollten in eine möglichst natürlich wirkende Gesamtanlage eingebettet sein. Denn trotz zahlreicher Überraschungseffekte und scheinbarer Zufälligkeit musste sich

Blumenkorbfelsen, Denkmal für Herzogin Charlotte-Amalie von Sachsen-Meiningen, kolorierter Kupferstich, um 1850

ein harmonisches Bild aus detailreichem Vordergrund, kalkuliertem Mittelgrund und dunstiger Ferne ergeben. Die Bedingungen für die Anlage eines solchen Gartens sind auf dem Altenstein außergewöhnlich günstig. Neben den naturräumlichen Voraussetzungen eines Plateaus am Rande des Thüringer Waldes und den bereits vorhandenen Ruinen der Bonifatiuskapelle sowie Überbleibseln der alten Burganlage war insbesondere der Reichtum an natürlichen Felsen und Höhlen des Zechsteinriffs ein Glücksfall für die Parkgestaltung. Da der Anschein des naturgemäß Vorhandenen vorgespiegelt werden sollte, waren die Felsbildungen, die teilweise bereits aus der Zeit vor der Parkgestaltung Bearbeitungsspuren trugen, ideal.

Inszenierung von Felsen und Höhlen

Für das Neue in der gesamten landschaftlichen Gartenkunst des 18. Jahrhunderts stand der Fels wie kaum ein anderes Gartenelement. Die einst bedrohliche Natur wurde nicht mehr ausgesperrt oder streng eingerahmt präsentiert. Vielmehr inszenierte man die Erhabenheit der Natur nun direkt im Garten: Großartige Felsen überwältigen und erhöhen den Betrachter.

Insbesondere das Alpenzitat, aber auch (pseudo)chinesische Landschaftsbilder rücken in das Zentrum der neuen Ästhetik. Der Fels steht für den Berg, für das Hochgebirge als neuentdeckten Naturerfahrungsraum. Diese erste Phase der Gartengestaltung auf dem Altenstein wird gemeinhin noch der sentimental-empfindsamen Phase der Landschaftsgartenentwicklung in Deutschland zugeordnet. Gerade die Nutzung der Felspartien und Höhlen auf dem Altenstein zeigt jedoch bereits ein weiterentwickeltes Verständnis, das auch die sich anbahnende Kritik an der bisherigen Landschaftsgartenkunst berücksichtigt.

Bei nahezu allen um 1800 auf dem Altenstein geschaffenen Parkszenerien wurden die natürlich vorhandenen Felsen durch Bearbeitungen und Aufbauten künstlerisch umgedeutet. Das gilt für die Ritterkapelle, die Teufelsbrücke, den Blumenkorbfelsen, die Sennhütte mit Wasserfall und das Chinesische Häuschen. Die dortigen Felsformationen sind oft auch mit kleineren natürlichen Höhlen verbunden, die ebenfalls gestaltet, das heißt erweitert

„Die Senn Hütte bey Altenstein", Kupferstich nach einer Zeichnung von Wilhelm Adam Thierry

oder durch Steinbearbeitung verändert wurden. Das ist beispielsweise in den Hohlräumen unterhalb des Chinesischen Häuschens und der Ritterkapelle sowie in der kleinen Höhle am Aufgang zur Teufelsbrücke der Fall.

Dort wo eine natürliche Höhle fehlte, konnte auch ein künstlicher Stollen in den Felsen getrieben werden, zum Beispiel an der Rotunde. Der Gegensatz von dunkler Felshöhle und luftiger Höhe mit weiter Aussicht ist ein wesentliches Merkmal vieler Parkszenen, die für Georg I. um 1800 geschaffen wurden. Es gibt jedoch auch drei Höhlenbereiche auf dem Altenstein, die als selbstständige Parkszenerien fungieren. Hierzu gehören die sogenannte „Einsiedelei" in der Nähe der Teufelsbrücke, die kleine Katz- und Maushöhle (früher „Drachenhöhle") unweit des Chinesischen Häuschens sowie natürlich die „Große Höhle", das heißt die Altensteiner Höhle am Fuße des Zechsteinriffs. Sofort nach ihrer Entdeckung 1799 wurde diese Höhle auf Veranlassung von Georg I. zu einem europaweit einmaligen „Landschaftsgarten unter dem Berg" und damit auch zur ersten öffentlichen Thüringer Schauhöhle umgestaltet. Die natürlich vorhandenen Hohlräume wurden teilweise erweitert, zusätzliche Gänge und Stufen in den Felsen getrieben. Während des Ausbaus wurden Knochen von eiszeitlichen Höhlenbären (Ursus spelaeus) gefunden, einige Knochen fanden ihren Weg auch in Goethes Sammlung. Bald gab es in der Großen Höhle regelmäßige Illuminationen mittels hunderter farbiger Öllampen, einen „Konzertsaal" für Echokonzerte, einen künstlich angestauten See für schauerlich-romantische Kahnfahrten und als Spiegelfläche für einen nachgebauten griechischen Tempel. Die Höhle gehörte zu den größten Attraktionen der Gegend. Der Schriftsteller Jean Paul (1765–1825) verewigte sie in der Weltliteratur. Auch der spätere englische König Wilhelm IV. (1795–1861) besuchte als Herzog von Clarence zusammen mit seiner Gattin Adelheid (1792–1849) im Jahr 1822 die Höhle.

Eine wichtige Rolle bei der Gestaltung der Großen Höhle, spielte der wohldosierte Schauer, der zu einer perfekten Gartengestaltung an der Wende vom 18. zum 19. Jahrhundert (und weit darüber hinaus) gehörte. Dies wird durch Zitate zeitgenössischer Höhlenbesucher bestätigt. „Die lieblichsten Melodien erschallen an diesem sonst nur der schauerlichen Stille gewidmeten Orte", notiert Ernst August Ludwig von Teubern (von Teubern, 1804,

Wagner & J. Carter, „Die Höhle zu Liebenstein" mit Höhlensee und „griechischem"
Tempelportal, kolorierter Kupferstich, circa 1840

S. 448f.). Die Bootsfahrt über den Höhlensee zum Tempel empfand er „wie
[sich] vom Charon über den Styx setzen zu lassen".

Aber auch der Romantiker Ludwig Bechstein (1801–1860) war noch für
den erhabenen, wohligen Schauer zu gewinnen: „Denkt euch diese Säle,
Hallen und Gänge mit flimmernden Lämpchen geschmückt, wandert in Gedanken unter der staunenden flisternden Menge, hört die sanften Klänge
der Instrumente, lauscht mit süßem Schauer dem fernen Echo, das tief aus
des Berges Schoos aus einem unbekannten Geisterreich, zu dringen scheint,
versetzt auch in den Nachen auf dem unterirdischen Weiher, seht auch dort
die Felshallen erleuchtet und den Tempel geschmückt, […] ihr werdet den
billigen Wunsch nicht unterdrücken können: Ich möchte wohl einmal diese
Höhle schauen, und allen wünschen wir von ganzen Herzen dieses Wun-
sches Erfüllung" (Bechstein, 1827, S. 27f.). Ludwig Storch (1803–1881) fühlte
sich ebenfalls mit Schaudern an die griechisch-mythologische Unterwelt
erinnert: „Der Eindruck, unter der roth angestrahlten mächtigen Felsen-

wölbung auf der dunkeln Fluth hinzuschiffen, ist so ungemein schauerlich und ergreifend, daß Worte ihn nicht wieder zu geben vermögen; aber alle in unserer Jugend empfangenen ungewissen Bilder der griechischen Unterwelt erhalten hier plötzlich Leben, und Farbe und bestimmte Gestalt" (Storch, 1839, S. 224).

Chinamode

Südwestlich des Blumenkorbs wurde auf einer weiteren Felsklippe, dem Hohlen Stein, von 1799 bis 1801 das Chinesische Häuschen errichtet, von dem der Blick bis weit in das Werratal und zu den Rhönbergen reicht. Das Chinesische Häuschen ist ein kleines, mit Schiefer gedecktes Holzhaus mit einem weit vorspringenden, nach chinesischen Vorbildern geschweiftem Dach. An diesem sind farbige Glasglocken mit Klöppeln angebracht, die sich im Wind bewegen und erklingen. In der Nähe entstand 1801 noch ein „chinesisches Thor", welches auf den Besuch im idealisierten Reich der Mitte einstimmen sollte. Nach dem frühen Tod Georgs I. unterblieb jedoch der angedachte Bau eines ganzen „chinesischen" Dorfes auf dem Morgentorplateau. In einer künstlich erweiterten Spalte in der Felshöhle des Hohlen Steins unterhalb des Chinesischen Häuschens befand sich ehemals eine doppelte Äolsharfe, deren „wehmüthiger Klang" bis in das Tal zu hören war. Alle intensiven Bemühungen von Herzog Georg II., diese Harfe am Ende des 19. Jahrhunderts durch technische Hilfsmittel wieder in Gang zu setzen, wofür unter anderem sogar Hofkapellmeister Max Reger (1873–1916) bemüht wurde, scheiterten an der am Hang aufgewachsenen Vegetation, welche die erforderliche Luftbewegung nur noch selten ermöglichte.

Im Rahmen der Chinamode des 18. und frühen 19. Jahrhunderts erfolgte keine direkte Auseinandersetzung mit der chinesischen Architektur oder Gartenkunst. Vielmehr entstand in Europa ein eigenständiger, fernöstlich beeinflusster „chinoiser" Mischstil, der zudem durch europäische Baukünstler und Handwerker vor Ort umgesetzt wurde. In dieser Phantasiewelt entstanden Dinge, die in der traditionellen chinesischen Kunst eigentlich unüblich waren oder dieser gar vollkommen widersprachen. Auch mit den Begriffen nahm man es nicht so genau. So konnten sehr ähnliche oder identische Bauwerke wahlweise als „persisch", „japanisch", „orientalisch" oder

Wilhelm Adam Thierry, „Der hohle Stein" mit dem Chinesischen Häuschen, kolorierter Kupferstich, um 1801

eben als „chinesisch" bezeichnet werden. So wurde das Altensteiner Chinesische Häuschen im 19. Jahrhundert gelegentlich auch „japanesisches" Häuschen genannt. Das 2017 im Schloss eröffnete Chinesische Kabinett erinnert an die Zeit der Chinamode auf dem Altenstein.

Östlich des Chinesischen Häuschens sollte Anfang des 19. Jahrhunderts – wiederum nach chinesischem Vorbild – die Rotunde, ein zweigeschossiger Rundbau im Durchmesser von etwa zehn Metern, entstehen. Von Norden führte ein in den Felsen gehauener Gang unter das geplante Gebäude. Von hier konnte man über eine Wendeltreppe das Erdgeschoss erreichen. Vor über 200 Jahren wäre dann vom Obergeschoss, als besonderer Überraschungseffekt nach dem Passieren des dunklen Gangs, noch ein heller, weiter Blick in die offene Landschaft möglich gewesen. Zahlreiche Beschreibungen schildern die Chinesische Rotunde in den schillerndsten Farben, zum Beispiel: „Das untere Geschoß war geschlossen und hatte rechteckige Fenster. Im Inneren führte eine hölzerne Wendeltreppe zu dem rings offenen

Obergeschoß empor. Dies war in seiner ganzen Größe durch ein aus Holz construirtes rundes Dach von der Form eines Regenschirms bedeckt. […] Wandgemälde mit Figuren aus dem chinesischen Leben befanden sich im unteren Geschoß" (Lehfeldt; Voss, 1910, S. 40). Diese Schilderungen beziehen sich jedoch stets nur auf die aufwendigen Darstellungen der Entwürfe. Wahrscheinlich durch den Tod Georgs I. im Dezember 1803 bedingt, wurde

Ferdinand Thierry, Chinesische Rotunde, kolorierte Federzeichnung, um 1800

die erst 1803 begonnene Rotunde in der projektierten prächtigen Form nie vollendet. Es blieb bei einem sehr schlichten Behelfsbau, einer „Hütte von Brettern" (von Teubern, 1894, S. 454). Diese „abscheuliche Rotunde", wie Herzog Georg II. das Gebäude bezeichnete, bestand bis 1884 und wurde auf seinen Befehl hin abgebrochen. Der Felsengang und die Wendeltreppe sind bis heute erhalten geblieben, die Fernsicht ist jedoch auf Grund des Gehölzaufwuchses nicht mehr gegeben.

Hofgärtner

Die gärtnerische Erstanlage auf dem Altenstein wurde von den Hofgärtnern geleitet. Georg I. sah den Schwerpunkt seiner gartenkünstlerischen Aktivitäten nicht allein in den künstlerischen Felsbearbeitungen und -bekrönungen, sondern auch in der Aufwertung dieser Bereiche durch Gehölze. Das, zuvor fast vollkommen baumlose Altensteiner Plateau wurde deshalb ab 1799 gezielt bepflanzt. In diesem Jahr wurden unter anderem 200 Bamberger Äpfel, „zwei Wellen" Elsbeerbäume, 100 Zwetschgen, acht Kirschen gepflanzt sowie „2 Pfund Akaziensamen" (Robinien) und 40 Pfund Kastaniensamen gekauft. Im Jahr 1800 wurden vier Gartenknechte fest angestellt. Hofgärtner Christian August Daniel Zocher (1755–1812), der sich auf den „Willen" des verstorbenen Herzogs beruft, berichtet im Februar 1804, dass großer Wert auf die eigene Anzucht von Gehölzen zur Parkgestaltung, die dem „hiesigen Klima, und einer wahren Forst-Wirthschaft angemessen sind", gelegt werden sollte. Zur „Bepflanzung der wüsten Lehden Altensteins […] und der Anlagen selbst […] können nach und nach, viele tausend Pflanzen von nuzbaren Bäumen […] angepflanzt werden" (Kurarchiv Bad Liebenstein 0011/3). Es wurden Weymouthskiefern, Lärchen und Ahorn sowie wiederum zahlreiche Obstbäume entlang der Fuß- und Fahrwege gepflanzt.

Spätere Pflanzungen und vor allem Wildaufwuchs haben aber inzwischen dazu geführt, dass die ehemals vielfach „alpin" erscheinende Situation heute kaum mehr wahrnehmbar ist. Nach dem Tod Herzog Georgs I. sind die parkgestalterischen Aktivitäten auf dem Altenstein offensichtlich einige Jahre kaum weitergeführt worden. Erst 1831, zehn Jahre nach dem Regierungsantritt seines Sohns, Herzog Bernhard II. Erich Freund (1800–1882), wurde der bisher in Heldburg tätige Gärtner Friedrich Rink als Hofgärtner auf den Altenstein versetzt und eine selbstständige Hofgärtnerei gebildet, die bis zum Ende des Ersten Weltkriegs bestand.

Bereits im Jahr seines Regierungsantritts besuchte Bernhard II. seine Schwester Adelheid in England. Bis zu ihrem Tod 1849 blieben die Beziehungen sehr eng und man besuchte sich regelmäßig. Im Sommer 1834 weilte die nunmehrige Königin Adelaide für mehrere Wochen in Liebenstein und auf dem Altenstein. Die englische Hofgesellschaft war zwar von der landschaftlichen Lage des Altenstein begeistert, von den recht einfachen Anlagen ohne Blumenschmuck jedoch wenig angetan. Solche Erlebnisse sowie die eigene Kenntnis der aktuellen Gartenmode in England veranlassten Bernhard II., die Anlagen auf dem Altenstein weiterzuentwickeln. Insbesondere galt es, den „Mangel" an Blumen und Ziergehölzen im Innenpark zu beheben und dadurch den Bereich am Schloss in Richtung eines Pleasuregrounds zu entwickeln.

1839 löste Eduard Ferrier Friedrich Rink als Hofgärtner ab. Er blieb bis 1854. In dieser Zeit wurden die begonnenen Arbeiten wieder verstärkt aufgenommen. Insbesondere wurde im Kernbereich der Gesamtanlage, also in den Terrassengärten, auf dem Bassinrasen zwischen Schloss und dem Hofmarschallamt und unterhalb der Ritterkapelle gearbeitet. Die dem Schloss südlich vorgelagerten Terrassen, auf denen sich ursprünglich Wirtschaftsgärten befanden, waren um 1850 bereits ziergärtnerisch gestaltet. Auf der unteren Terrasse befand sich ein nach barockem Vorbild bepflanztes, aus vier Kompartimenten bestehendes Parterre. Auch die mittlere Terrasse war mit Beeten versehen. Vor den Stützmauern zur oberen Terrasse wuchsen Kletterrosen. Neue Spazierwege entstanden. Es wurden, unter anderem auf der Fohlenwiese, umfangreiche Baumpflanzungen ausgeführt, aber auch Bäume gefällt, um andere besser zur Wirkung kommen zu lassen. Oder es wurden einzelne Exemplare aus zu dicht stehenden Pflanzungen entnommen, um sie an andere Standorte zu verpflanzen. Damals übliche Pflanzmethoden, „in jedes Loch 2 Bäume in Form einer Gabel" oder gar noch mehr Bäume eng zusammen zu pflanzen, kamen zur Anwendung. All diese Arbeiten erfolgten weitgehend nach den Vorschlägen des Hofgärtners mit Zustimmung oder auf Befehl Herzog Bernhards II. unter Einbeziehung des Hofgarteninspektors Theodor Buttmann. Die „Situations Karte über den Bezirk des Herzoglichen Residenzschlosses Altenstein" des Landvermessers Simon zeigt den Bereich des heutigen Innenparks. Danach befanden sich auf dem Bassinrasen sowie auf den nördlich und südlich angrenzenden Flächen Solitäre (einzeln stehende Baumgehölze) und vorwiegend aus Ziergehölzen zusammengesetzte, unregelmäßig umgrenzte Pflanzungen (sogenannte *shrubberies*), an deren Rändern – gewissermaßen zur Schauseite hin – auch Stauden verwendet wurden. Die entlang der Wege geführten *shrubberies* lenkten den Blick auf ganz bestimmte Ziele, zum Beispiel in Richtung Schloss, Hofmarschallamt, Bonifatiusfelsen, aber auch auf die Fohlenwiese oder die zum Wasserfall führende Talwiese.

Gartenkünstler – Pückler, Petzold und Lenné

Während die bisherige Gartengestaltung auf dem Altenstein offensichtlich ohne externe Planungsberatung erfolgte, trat im Sommer 1845 eine entscheidende Änderung ein. Sie steht im Zusammenhang mit einem mehrmonatigen Aufenthalt des Fürsten Hermann von Pückler-Muskau (1785–1871) in Thüringen, der in dieser Zeit in Liebenstein wohnte und natürlich das Herzogspaar auf dem Altenstein regelmäßig besuchte. Pückler schrieb über seine Eindrücke: „Die Lage ist wundervoll. Auf der einen Seite üppige Grasflächen, goldgrün gelockte Hügel, ein pleasure-ground mit Blumen und uralten Baumgruppen; auf der anderen jäh abstürzende Felsen mit Terrassengärten […] Alles dies ist durch chaussierte Fahrwege zugänglich gemacht, die sich später auch noch Meilen weit als ,drives' in die endlosen umliegenden Wälder ausdehnen." (Assing, 1873, S. 312) Er besprach „mit der so gemüthlich geistreichen Frau Herzogin alle Pläne für die Zukunft", und am 4. Oktober 1845 notierte er in sein Tagebuch: „Früh besucht mich der Herzog, der nach Meiningen geht. Kurz darauf ritt ich ab nach Altenstein, um dort auf des Herzogs Bitte abzustecken. Die Herzogin hilft mir und ist sehr liebenswürdig" (Assing, 1876, S. 178). Damit hatte sich aber sein Engagement auf dem Altenstein noch nicht erledigt, denn am 15. April 1846 schrieb er an den Sachsen-Meiningischen Hofmarschall von Minutoli (1802–1848): „[…] so oft ich den mir übersandten Plan in die Hand nahm, überzeugte ich mich immer mehr, daß dieser nur, wenn ich selbst zu Ort und Stelle bin, zu einem genügenden Resultat führen kann. Damit also nichts verdorben werde, statt es besser zu machen, halte ich es für weiser, nicht also etwas anzugeben bis ich selbst dem dortigen Personal meine Instruction geben und zum Theil die Ausführung selbst leiten kann, […] damit die weitere Ausführung […] durch die Leute vom Fach besorgt werden kann" (Brandenburgisches Landeshauptarchiv, Pr.Br.Rep.37 Branitz Nr. 936 Bl. 82 n. R.).

Es ist leider nicht bekannt, um welchen Plan es sich gehandelt haben könnte. Pückler hat die angekündigten Arbeiten wohl nicht mehr selbst weiter beaufsichtigt, aber dafür dem Herzog den Gartenkünstler Eduard Petzold (1815–1891) empfohlen, der hierfür 1847 zwei Pläne anfertigte: den „Plan über die Anlagen beim Herzoglich-Meiningischen Residenzschloß Altenstein" (Sächsisches Landesamt für Denkmalpflege 7614/2) sowie einen „Plan für die Umgebungen der Fontaine" mit Erläuterungen, die Petzold nach seinen eigenen Angaben mit Fürst Pückler abgestimmt hatte. Leider ist nur Ersterer erhalten geblieben. Er zeigt den westlich der Altensteiner Straße gelegenen Parkbereich.

Die anschließenden Arbeiten wurden vor Ort vom Garteninspektor Buttmann beaufsichtigt, der „wöchentlich den Betrieb der neuen Anlagen auf dem Altenstein zu inspizieren" hatte. Welche Arbeiten genau auf Grundlage des Petzold-Plans durchgeführt wurden, lässt sich nur schwer abschätzen. Zwar handelt es sich um einen detailreichen Plan mit eingezeichneten Sichten und mit – durch Kürzeln beschriftete – Gehölze et cetera, allerdings mischen sich bei diesem – sicher vor Ort noch abgeänderten – Arbeitsplan Bestand und Umgestaltungsvorhaben. Vor allem aber fehlt die auf einem gesonderten, heute verschollenen Blatt verzeichnete Planlegende, die über die verwendeten Arten und Sorten Auskunft geben könnte.

Einem Kostenanschlag des Hofgärtners und der Zustimmung des Herzogs ist zu entnehmen, dass an der Fontäne Blütengehölze, wie Deutzien, Weißdorn, Magnolien, Spiräen und Rosen verwendet wurden. Hierzu heißt es am 25. Mai 1850: Die „Umänderung am Bassin hat großen Beifall bei Sr. Hoheit dem Herzog gefunden, aber fast noch größeren die Schnür [… Beete? Weiter nicht lesbar; d. Vf.] auf der mittleren Terrasse". Man kann davon ausgehen, dass damit das heutige Knotenbeet gemeint ist.

1855 wurden von einem der bedeutendsten Gartenkünstler des 19. Jahrhunderts, dem Generaldirektor der königlichen Gärten in Preußen, Peter

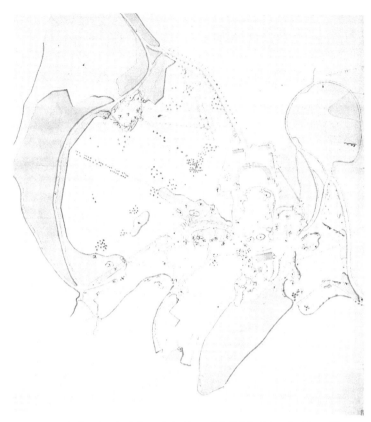

Eduard Petzold, Plan über die Anlagen beim Herzoglich-Meiningischen Residenzschloss Altenstein, 1847

Joseph Lenné (1789–1866), einige Vorschläge zur Parkgestaltung unterbreitet. Sie stehen im Zusammenhang mit der Absicht Herzog Bernhards II., das schlichte Barockschloss aus dem Jahr 1736 umzubauen. In diese Baupläne war auch der „alleinige Berater des [preußischen] Königs bei allen baulichen Plänen", Friedrich August Stüler, einbezogen worden. Auf seine Veranlassung wurde offensichtlich 1855 auch Peter Joseph Lenné beteiligt. Aus einem Brief Lennés vom 2. Juli 1855 an den Hofmarschall geht hervor, dass er zwei – heute nicht mehr aufzufindende – Entwürfe geliefert hat. Sie beinhalteten unter anderem eine Wegeverbindung vom Schloss bis zum Fohlenhaus und von dort bis zur Teufelsbrücke, Pflanzungen an der Kirschleite, am Bonifatiusfelsen, im Bereich der Teufelsbrücke und Veränderungen der Gehölzgruppen am Schloss.

Vollendung der Parkgestaltung

1866 dankte Herzog Bernhard II. zugunsten seines Sohns, des nunmehrigen Herzog Georg II., ab, dessen Name und Wirken untrennbar mit dem Schlossneubau, mit der weiteren Entwicklung sowie der künstlerischen Vollendung des Altensteiner Parks verbunden ist. Park und Schloss verblieben jedoch zunächst bei Georgs Eltern. Bernhard starb 1882, der Altenstein war anschließend bis zu ihrem Tod 1888 Witwensitz der Herzoginmutter Marie. Unmittelbar nach dem Tod seines Vaters 1882 begannen erste, von Georg II. veranlasste Neugestaltungen in den Anlagen. Bis zu diesem Zeitpunkt waren die Bemühungen um die geschaffenen Anlagen im schlossnahen Bereich auf die Pflege, Instandhaltung und Ergänzung der Gehölzbestände, auf Ergänzungen im Wegenetz und die schrittweise Einbeziehung von Ackerflächen in die Parkgestaltung gerichtet. 1862 wechselte der bisherige Hofgärtner Niemeyer in den Herrenkrugpark nach Magdeburg. Seine Nachfolger waren bis 1884 Robert Buttmann, ein Sohn des Garteninspektors Theodor Buttmann, der später nach Potsdam-Sanssouci wechselte sowie Hermann Jahn und Johann Michael Schröter.

Die Entwicklung auf dem Altenstein machte 1868 auch eine Neuvermessung erforderlich, da es wegen der fortgeschrittenen Parkerweiterung zu einem Durcheinander zwischen den Zuständigkeiten der Forst- und Parkverwaltung gekommen war. Im Zusammenhang mit dem Schlossumbau erfolgte auch eine Überarbeitung der bisherigen gärtnerischen Anlagen im unmittelbaren Schlossbereich, auf die Georg II. entscheidenden Einfluss nahm, wie vielfach aus Briefen, Berichten der Hofgärtner und Randnotizen dazu sowie aus Entwurfsskizzen zu entnehmen ist.

1882 wurde die Straße über die Brunnenwiese verlegt, sodass der Fahrverkehr nun dem Innenpark fernblieb. 1883 folgte unter Georg II. ein „Projekt zur Anlagenveränderung", bei dem unter anderem die Bepflanzung des Bassinrasens modifiziert und dieser mit Koniferen ausgestattet wurde.

Gewissermaßen im Vorgriff auf die folgenden grundlegenden Umbaumaß-nahmen des Schlosses in den Jahren 1888 bis 1890 erfolgte die Planung und Errichtung von Pergolen, von Georg II. „Veranden" genannt, jeweils auf der oberen, mittleren und unteren Terrasse bereits in den Jahren 1885 bis 1887. 1889, noch vor der endgültigen Fertigstellung des Schlosses, hatte Georg II. bereits die „Absperrung des Schloßrayons von Fremden", des heutigen In-nenparks, verfügt. In einem Brief an Hofbaumeister Neumeister und den Oberhofgärtner Viehweg-Franz teilte er beiden mit: „Der Drahtzaun soll nicht gegen Wild schützen, sondern eine nicht zu überschreitende Gränze bezeichnen." Gleichwohl konnte der nun eingezäunte Innenpark weiter-hin betreten werden: „Während meiner Anwesenheit würde der Zugang zum Schloßrayon nur unter Führung während der Dinerzeit gestattet sein" (Landesarchiv Thüringen – Staatsarchiv Meiningen, Hofbauamt 63). Der Al-tenstein sollte, so die Absicht des Herzogs, von den Gärten im Meininger Unterland der „gepflegteste" werden. Darum wurde auch 1889 der bishe-rige Liebensteiner Oberhofgärtner Max Viehweg-Franz, ein Schwiegersohn des bekannten Gartenkünstlers und vielseitigen Fachbuchautors Hermann Jäger (1815–1890) aus Eisenach, auf den Altenstein versetzt, weil er, wie der Garteninspektor Eduard Grau (1841–1891) bestätigte, befähigt sei, die ausge-dehnten Altensteiner Parkanlagen zu beaufsichtigen und instand zu halten und die Gärten nach „allerhöchstem Willen geschmackvoll auszuschmü-cken". Max Viehweg-Franz blieb bis zu seiner Ernennung als Nachfolger des Garteninspektors Grau in Meiningen 1898 auf dem Altenstein. Während seiner Amtszeit wurden die Schloss- und Gartenterrassen neugestaltet, zu denen der Herzog mehrere Entwürfe geliefert hatte, und es entstand erst-mals das in vielen Fachzeitschriften und anderen Veröffentlichungen be-schriebene und bewunderte große Altensteiner Teppichbeet südlich des Schlossgebäudes. Teppichbeete, bei denen die Wirkung hauptsächlich durch die Geometrie und Musterung verschiedener, durch Blattpflanzen gebildeter Farbflächen innerhalb einer perfekten Rasenfläche erzielt wird, entsprachen besonders dem Zeitgeschmack der zweiten Hälfte des 19. und des beginnen-den 20. Jahrhunderts. Die Erstanlage des großen Altensteiner Teppichbee-tes erfolgte nach Abschluss des Schlossumbaues im Jahr 1890. Es bestand bis 1914 – und besteht auch heute wieder – aus einem Rundbeet mit einem

Nächste Doppelseite: Teppichbeet

Durchmesser von zehn Metern, einer umlaufenden Rabatte in Form einer Bordüre sowie einzelnen ornamentalen Beeten im Rasenspiegel.

Um das vielfältige Pflanzensortiment, auch die Kübelpflanzen, für die Beetanlagen zur Verfügung zu haben, wurde 1891 die alte Schlossgärtnerei modernisiert und unter anderem um ein prächtiges Glaspalmenhaus erweitert. Auch hier griff der Herzog persönlich ein, vereinfachte aber das seiner Meinung nach zu aufwendige Bauvorhaben. Die neuen Gewächshäuser sollten möglichst einfach gebaut werden, denn, so war seine Meinung, „hat ein Gärtner zu große Gewächshäuser, treibt er Liebhabereien [...]". Er äußerte weiter, dass der Altenstein wohl der Ort für die dekorativsten Pflanzen sei, aber die Blumen dürften nicht zum Selbstzweck werden, sondern ihre Aufgabe sei es, die Beete und Blumentische zu schmücken.

Der berühmte Staudengärtner Karl Foerster (1874–1970) war 1893 auf seinen Lehr- und Wanderjahren als Gehilfe in der Schlossgärtnerei tätig. Er schrieb: „Ich habe Unmassen von Fuchsien, Chrysanthemum usw. eingepflanzt [...] die Arbeiten machen mir rechte Freude." Begeistert war er vor allem von der Altensteiner Landschaft: „wie über allen Maßen himmlisch es hinter unserer Gärtnerei aussieht. So weit man sieht, waldige Bergrücken im Frühlingkleid, in den Talgründen viel Wild. [...] Die Rhönkette ist einfach ,preußisch blau', dicht um mich das frische Buchengrün, ... na warte nur, wenn es erst warm wird und mein Wasser-Malkasten per Fracht kommt" (zit. nach Foerster; Rostin, 2001, S. 89f.).

In die Neugestaltung des Innenparks wurde auch der Bassinrasen einbezogen und ein Teil der nach der Petzoldschen Planung entstandenen Pflanzungen, unter anderem zugunsten größerer Nadelholzpflanzungen, verändert.

Die weitere Parkgestaltung beschränkte sich aber nicht allein auf den Innenpark, sondern bezog auch den Außenpark mit ein. Hier erfolgten nach Vorgaben des Herzogs Einzelbaumpflanzungen, zum Beispiel auf der Fohlenwiese. Nachdem man 1894 vor allem im östlichen Parkbereich weitere Ackerflächen in Parkwiesen umgewandelt hatte, erfolgten Baumpflanzungen, wie der Herzog formulierte, „nach landschaftlich-gärtnerischen Prinzipien". Schon 1888 wurde auf Veranlassung von Georg II. mit der maschinellen Wiesenmahd begonnen. Er hatte aus England einen von einem Pferd

Gärtnerinnen in der von Georg II. eigens entworfenen Tracht an der Glockenfontaine, historische Postkarte, um 1900

gezogenen Grasmäher und einen kleineren Rasenmäher für schmale Rabatten anschaffen lassen und in diesem Zusammenhang auch verfügt, dass die Pferde „jedes Mal Schuhe nach [einem beigefügten] Muster anbekommen [mussten], damit der Rasen nicht zertreten wird". Nachdem der Hofsattler einen Probeschuh angefertigt hatte, wurden weitere bestellt. 1889 wurde am Rande des Gemüsegartens am Fuße des Hexenbergs eine Forstwartwohnung errichtet. Der Entwurf stammt vom Architekten des Schlosses Albert Neumeister. Das Gebäude ähnelte – fast wie eine Kopie – der alten Sennhütte im nur wenige hundert Meter entfernten Luisenthal.

Das üppig berankte, steinsichtige Altensteiner Schloss mit dem grünlich changierenden Dach verschmolz mit seiner Umgebung und den üppigen Zierpflanzungen zu einer künstlerischen Einheit. Doch damit war es für den Theaterherzog noch nicht genug. Er ordnete im Herbst 1892 an: „Die Frauenpersonen, welche hier im Garten arbeiten, sollen je einen Anzug bekommen, conform hiesiger Nationaltracht" (Landesarchiv Thüringen – Staatsarchiv Meiningen, Hofmarschallamt 584). Georg entwarf und skizzierte die Tracht, wie auch viele Theaterkostüme, selbst. Als Vorlage dienten Motive der Lüftl-

malereien von Ludwig Richter (1803–1884) an der Villa Feodora in Liebenstein. So wuchsen diese beiden Sommerresidenzen auch optisch zusammen.
Georg II. machte hierzu über Jahre hinweg eigenhändig genaueste Vorgaben
bis hin zu Faltenwurf, Farbe und Material. Diese Tracht musste gemäß her-
zoglicher Anweisung von den Frauen von Mai bis Oktober beziehungsweise
immer, wenn die Herrschaften anwesend waren, getragen werden. Es gab
vorbestimmte Zeiten, zu denen „sich die Mädchen auf dem Rasen sehen lassen sollten". Dabei wurde durch den Hofgärtner auch dafür gesorgt, dass sie
„wirklich etwas zur kehren haben, […] denn wenn sie die Arbeit nur mar-
kieren [was wohl auch gelegentlich vorkam], so sieht es einmal ungeschickt
aus." Sven Hans Heinrich Bernhard von Saalfeld (1903–1998), ein Sohn von
Prinz Ernst von Sachsen-Meiningen (1859–1941), beschrieb die Altensteiner
Szenerie des Jahres 1909 wie folgt: „Nach dem Essen ging es hinaus auf die
Terrasse (über dem Haupteingang) […] Und da traten wie von ungefähr
vielleicht 25 bunt ländlich gekleidete Mädchen links aus den Büschen und
begannen in langer Reihe das Herbstlaub über den Rasen nach rechts zu
fegen. Als sie fast rechts angekommen waren bemerkten sie ganz link noch
ein Blatt. Zwei Mädchen rannten zurück und fegten in holder Harmonie das
Blatt über die ganze Wiese – es war wie ein Tanz – vielleicht nicht ganz zufällig? Ja, Ja der Theaterherzog […]" (zit. nach Raddatz, 2003/04, S. 37). Von
1893 bis 1914 gehörten diese in Tracht gekleideten Gartenmädchen zum Bild
des Altenstein, der zu einer weiteren perfekten Bühne des Herzogs geworden
war.

Niedergang und Neuanfang

Als letzte künstlerische Zutat zum Schlosspark entstand 1920/21 am westlichen Rand der Fohlenwiese das Grabmal für Herzogin Charlotte (1860–1919)
und Herzog Bernhard III. (1851–1928), den letzten regierenden Herzog von
Sachsen-Meiningen. Mit dem Ende der Monarchie war für Jahrzehnte auch
die beständige sachgerechte Betreuung und Pflege dieses herausragenden
Gartenkunstwerks vorüber. Auch Adolf Schaubach, der als letzter Hofgärtner von 1898 bis 1939 auf dem Altenstein tätig war, konnte den Niedergang
nicht aufhalten. Die zum Erhalt der Parkanlage notwendigen finanziellen
und personellen Ressourcen waren vor allem für einige Bauwerke im Außen-

park nicht mehr vorhanden. In der Zwischenkriegszeit wurden die Teufelsbrücke, das Chinesische Häuschen, der Blumenkorb und das Fohlenhaus ab-
gerissen. Das Teppichbeet und andere Zierflächen bepflanzte man nur noch
in einer vereinfachten Form.

1972 entstand auf dem Gelände der ehemaligen Schlossgärtnerei nach
dem Abriss der dortigen Glashäuser und des prächtigen Palmenhauses ein
schlichter Internatsbau. Während der Innenpark noch gärtnerisch instand-
gehalten wurde, erfolgte die Bewirtschaftung des Außenparks durch den
Forstwirtschaftsbetrieb.

Mit der Eintragung des Ensembles Schloss und Park Altenstein 1981 als
Denkmal der Landschafts- und Gartengestaltung von nationaler Bedeutung
begannen erste zaghafte Bemühungen um die Erhaltung und Wiederin-
standsetzung der Anlage. Im gleichen Jahr erfolgte die Gründung eines örtlichen „Parkaktivs" zur ehrenamtlichen Pflege des Parks. In einer in dieser
Zeit vom Büro für Städtebau in Suhl ausgearbeiteten ersten denkmalpfle-
gerischen Rahmenzielsetzung wurden die Grenzen des Denkmalensembles
verbindlich festgelegt und 1994 auf der Grundlage des Thüringer Denkmal-
schutzgesetzes bestätigt. 1986 wurde eine „Parkbrigade" des Forstbetriebs
zur professionellen Pflege der Anlagen gebildet. 1992 übernahm der TÜV-
Thüringen die Ausbildungsstätte Altenstein. 1993/94 erfolgte eine Teilsanie-
rung der Stützmauern der Terrassengärten.

Restaurierung und Wiederherstellung des Schlossparks

Mit der Übernahme der Anlage durch die Stiftung Thüringer Schlösser und
Gärten 1995 erfolgten auch im Park Arbeiten. In den Jahren danach wurden die Ritterkapelle, das Nördliche und das Südliche Kavaliershaus saniert,
die östliche Schlossterrassenmauer wiederhergestellt und sowohl das große
Fontänenbecken als auch die Glockenfontäne mit Idolino südlich des Schlosses restauriert. Zudem wurden die schon begonnenen umfassenden Wege-
bau- und Gehölzregenerierungsarbeiten fortgeführt und intensiviert.

Das große Altensteiner Teppichbeet wird seit 2003 alljährlich nach Ori-
ginalvorlagen bepflanzt. Von 2008 bis 2013 wurden die Parkszenerien Teufelsbrücke, Chinesisches Häuschen und Blumenkorbfelsen wiederhergestellt
und wichtige Felspartien gesichert. 2016/17 wurde die östliche Schlosster-

Greifenbank am Fuße des Blumenkorbfelsens mit Porträtbüste der Charlotte Amalie, Fotografie um 1900

rasse wiederhergestellt und mit den Plastiken Marsyas und Hermes komplettiert. In der gleichen Zeit erfolgte auch die Neugestaltung des östlichen Vorplatzes am Hofmarschallamt. Die Erneuerung der Pergolen auf der oberen und mittleren Terrasse folgte 2020. Ein Jahr später war der Altenstein ein vielbesuchter Außenstandort der Bundesgartenschau. 2022 konnte im nördlichen Teil des Rundbaus ein neues Besucherzentrum eröffnet werden. Bei vielen Restaurierungsprojekten im Altensteiner Park unterstützte der 1992 gegründete Förderverein Altenstein-Glücksbrunn e. V. die Stiftung in großzügigster Weise.

Von 2019 bis 2022 erfolgte die Instandsetzung der Altensteiner Höhle durch die Stadt Bad Liebenstein. Es wurde unter anderem ein zusätzlicher Rettungsausgang geschaffen und die Höhlenbeleuchtung erneuert, die Außenanlagen wurden neugestaltet.

Zur künstlerischen Bedeutung des Altensteiner Parks

Der Schlosspark Altenstein, ein Gartenkunstwerk von europäischem Rang, ist nicht auf der Grundlage eines zuvor entworfenen Gesamtplans entstanden, sondern hat sich im Laufe des 19. Jahrhunderts zu dem um 1900 vollendeten Ensemble entwickelt, das heute wieder erlebbar ist. Die Anfänge der Parkgestaltung auf dem Altenstein begannen auf den um 1800 kaum bewaldeten Steilhängen mit ihren markanten Felspartien. Wenn man sich vergegenwärtigt, dass damals diese im romantischen Sinne an Alpenlandschaften erinnernde, topografische Gegebenheit geradezu prädestiniert war, bestimmte Empfindungen zu wecken, kann man gut die Absicht Herzog Georgs I. nachvollziehen, hier einen perfekten Landschaftsgarten im Zeitgeschmack des ausgehenden 18. Jahrhunderts zu schaffen.

Das Interesse des ab 1821 regierenden Herzogs Bernhard II. am Altenstein war nicht weniger groß als das seines Vaters. Seine Bekanntschaft mit einer der herausragenden Gartenkünstlerpersönlichkeiten des 19. Jahrhunderts, Hermann von Pückler-Muskau, und dessen Empfehlungen fanden nicht zuletzt ihren Niederschlag in der Planung des damaligen Weimarer Hofgärtners und späteren Muskauer Gartendirektors Carl Eduard Petzold, der Pückler lebenslang persönlich und weitgehend auch in seiner fachlichen Auffassung von Landschaftsgärtnerei verbunden war. Wenige Jahre später kam ein weiterer bedeutender Gartenkünstler des 19. Jahrhunderts mit dem Altenstein in Berührung, der Generaldirektor der königlichen Gärten in Preußen, Peter Joseph Lenné. Die von ihm gegebenen Empfehlungen standen im Zusammenhang mit den um 1850 aufgegriffenen Überlegungen zu einem Schlossneubau, in die Friedrich August Stüler, Berater des preußischen Königs bei baulichen Angelegenheiten, einbezogen war. Als Lenné im Januar 1866 starb, wurde dem Trauerzug ein goldener Lorbeerkranz mit 50 Blättern vorangetragen. Auf jedem dieser Blätter war der Name einer Anlage eingraviert, an der er wesentlich gestalterisch mitwirkte, darunter auch Altenstein.

Herzog Georg II., selbst eine herausragende Künstlerpersönlichkeit, war aufs Engste mit den bau- und gartenkünstlerischen Aktivitäten auf dem Altenstein verbunden. Obwohl die hohe Zeit der klassischen landschaftlichen Gartenkunst vorüber war, fühlte er sich diesem Gartenstil verpflichtet, wie die unter ihm ausgeführten Arbeiten in den äußeren Parkbereichen zwischen Großem Steiger und Hohlem Stein mit den durch Einzelbäume, Baumgruppen und geschlossene Waldungen gegliederten, ausgedehnten Wiesenflächen zeigen. In der Gestaltung des Innenparks nach dem Schlossumbau kamen dagegen die neuen, veränderten gartenkünstlerischen Auffassungen zum Ausdruck, nämlich in einem ausgeprägteren Verlangen nach einem Gartenbezirk, in dem mit Hilfe von Blumen und Blütengehölzen ein ins Freie verlegter Wohnraum geschaffen wurde. Von hier aus öffnen sich eindrucksvolle Ausblicke in das Werratal bis hin zu den Rhönbergen im Hintergrund, eine Vedute ganz im Sinne der Gartenkünstler der landschaftlichen Gestaltung. Der Park bekommt scheinbar eine Ausdehnung bis in weite Ferne, und die sich vor dem Beschauer ausbreitende abwechslungsreiche Mittelgebirgslandschaft wird zum Bestandteil der Altensteiner Parklandschaft. Aus dem Innenpark mit dem, in seiner Stilwahl in Thüringen einmalig gebliebenen, nach „altenglischen" Vorbildern entstandenen historistischen Schlossgebäude wird der Blick aber auch in angrenzende Parkräume gelenkt, die das Verlangen wecken, weitere Parkbereiche kennenzulernen, durch die der Besucher über eine einfache Wegeführung geleitet wird.

Heute, nach über 220 Jahren künstlerischer Gestaltung, sind hier Park und Landschaft wie nur noch selten in Deutschland zu einem Ganzen verschmolzen. Es ist unübersehbar, dass sich auf dem Altenstein in besonders eindrucksvoller Weise der Begriff „Landschaftsgarten" mit dem „Streben nach Natürlichkeit" verbindet und, wie es Fürst Pückler formulierte, dass der „höchste Grad der landschaftlichen Gartenkunst" erreicht ist, wenn sie wieder freie Natur in ihrer edelsten Form zu sein scheint.

Rundgang durch die Parkanlage

Der Altensteiner Park dehnt sich, dem Ideal eines Landschaftsgartens entsprechend, weit über seine engeren – künstlerisch auch gar nicht beabsichtigten oder gar sichtbaren – Grenzen aus. Als Bestandteil der Altensteiner-Liebensteiner Kulturlandschaft ist er durch Sichten, aber auch durch Wanderwege mit seiner Umgebung verwoben.

Nachfolgend wird ein Rundgang mit drei Teilabschnitten durch den Kernbereich des Kulturdenkmals beschrieben, der zumeist auf dem Zechsteinplateau erfolgt. Abstecher an den Fuß des Plateaus sind jeweils gesondert beschrieben. Wer nur wenig Zeit hat, sollte sich auf den Innenpark beschränken, hier bekommt man schon innerhalb einer Stunde einen ersten Eindruck. Man kann aber, um wirklich den gesamten Park kennenzulernen, auch einen ganzen Tag hier verbringen.

Innenpark

Die meisten Besucher des Altenstein beginnen ihren Rundgang am Vorplatz des Hofmarschallamts. Dieses östliche Pendant zum Schloss entstand ab 1803 als schlichtes, dreigeschossiges Gebäude mit Mansarddach, an das sich zwei viertelkreisförmige, eingeschossige Bauten anschließen. In dessen Mitte ist eine von dorischen Säulen begrenzte Durchfahrt angeordnet. Von Osten betrachtet befindet sich rechter Hand vor der Durchfahrt des Hofmarschallamts der 1888/89 neu errichtete Gasthof. Mit dem Bau weiterer Wirtschaftsgebäude an der Südseite des Vorplatzes entstand dann im Laufe der Zeit eine Art Wirtschaftshof. Die Bezeichnung „Hofmarschallamt" findet sich erst 1909 in einer kurzen Beschreibung des Gebäudes und als Bildunterschrift zu einer Lithografie (Lehfeldt; Voss, 1910, S. 37).

Nach dem Durchschreiten der Durchfahrt betritt der Besucher den Altensteiner Innenpark. Sofort werden die beiden seitlich an das Hofmarschallamt anschließenden bogenförmigen Bauten sichtbar. Hier waren einst der Marstall mit Remisen sowie Wohnungen, Stallungen und Nebengelasse der Bediensteten untergebracht. Zwischen 1808 und 1827 kamen die beiden abschließenden Kopfbauten dazu, die heute als Kavaliershäuser bezeichnet

Innenpark von Osten gesehen mit Schloss (nächste Doppelseite)

werden. Im nördlichen Kopfbau gab es zwischen 1825 und 1890 ein Wirtshaus. Im südlichen Kopfbau wohnten bis 1890 die Hofgärtner, anschließend im nördlichen, in dem sich heute die Schloss- und Parkverwaltung befindet. Hinter dem südlichen Kopfbau befindet sich der Eiskeller, in dem einst das Eis für die Hofküche gelagert wurde.

Über das Schmuckbeet im Innenhof des Hofmarschallamts werden zwischen Bäumen der sanft abfallende Bassinrasen mit hoher Fontäne und im Hintergrund das Schloss sichtbar. Diesen – von Herzog Georg II. nicht gewünschten – direkten Schlossblick ignorierend empfiehlt sich der Weg zum nahen Bonifatiusfelsen. Der Überlieferung nach soll Bonifatius im Jahr 724 an dieser Stelle gepredigt und eine Kapelle errichtet haben. Später befand sich hier die Neuenburg. 1814 ließ der junge Erbprinz Bernhard Erich Freund aus Anlass der Beendigung der Befreiungskriege ein eisernes Kreuz zusammen mit einer unterhalb des Felsens befestigten Inschrift „Gott, Vaterland, Freiheit, Friede MDCCCXIV" errichten. Das heutige Holzkreuz wurde 1992 aufgestellt. Vom Fuße des durch Stufen erschlossenen Bonifatiusfelsens bietet sich dem Besucher der schönste „Postkartenblick" auf das scheinbar „altenglische" Schloss und die schlossnahen Terrassen. Von hier oben lohnt es sich, der Dacheindeckung des Schlosses besondere Aufmerksamkeit zu schenken: „Wesentlich für die Gesamterscheinung des Baukörpers war […] die Dacheindeckung, die auf dunkelgrüner Grundfläche ein rotes Rautenmuster trug. Die […] Lebendigkeit der Deckung mit ihren fein differenzierten Schattierungen funktionierte vor allem im Zusammenspiel mit der unmittelbar umgebenden Bepflanzung. Die jahreszeitlich bedingten Veränderungen wurden dabei einkalkuliert" (Lucke, 1994, S. 86). Das farblich changierende Dach ähnelte dadurch der Laubfarbe in den Lieblingsmonaten des herzoglichen Aufenthalts im August, September und Oktober. Zusammen mit der von Georg II. beabsichtigten, äußerst üppigen Fassadenberankung verschmolzen Schloss, Park und Landschaft zu einer untrennbaren Einheit.

Auf dem Weg zum Schloss bewegt sich der Besucher entlang des Bassinrasens. Nachdem ab 1808 die bisherigen im Umfeld des Schlossgebäudes vorhandenen Wirtschaftsgebäude abgebrochen worden waren, begann 1812 die „Fertigung des Boulingrins" (Landesarchiv Thüringen – Staatsarchiv Meiningen, Altes Rechnungsarchiv, Rechnungsjahr 1812), die Gestaltung der

Bassinrasen mit Fontäne, Mammutbaum und Hofmarschallamt im Hintergrund

großen ovalen Rasenfläche zwischen Schloss und Rundbau – dem heutigen Bassinrasen. Das dortige Fontänenbecken, ursprünglich ein Feuerlöschbecken, war spätestens seit 1834 mit einem beachtlichen Springstrahl ausgestattet. Am Ende des 19. Jahrhunderts übertraf die Fontänenhöhe sogar die Höhe des Schlossdachs. Die benachbarte Sonnenuhr wurde 1826 angefertigt.

Eine Besonderheit auf dem Bassinrasen ist der Riesenmammutbaum (*Sequoiadendron giganteum*), der zu den ältesten Exemplaren in Deutschland gehört. 1883 wurde der bereits recht große Baum unter Leitung von Garteninspektor Grau aus den Liebensteiner Anlagen in den Park versetzt. „Eine riesige, schön gewachsene Sequoia gigantea wurde aus den herzoglichen Anlagen des […] Bades Liebenstein mittels eines großen englischen Verpflanzwagens nach hier transportiert und entwickelte sich prächtig. Wer da weiß, welch unendliche Sorgfalt seitens des leitenden Fachmannes nötig war, eine exotische Konifere dieser Art und dieses Alters zu verpflanzen, der wird solche gärtnerische Großtat zu würdigen wissen“, berichtet 1909 Max Pohlig in der Zeitschrift *Die Gartenwelt*. Extra für den Transport des Mammutbaums wurde 1883 ein Verpflanzwagen für 1 500 Mark (ohne Transportkosten) in England gekauft. Möglicherweise gelangten Samen oder Setzlinge von Mammutbäumen bereits über Adelheid, die Schwester Bernhards, von England nach Liebenstein, dann wäre er der älteste Mammutbaum Deutschlands.

Weiter geht es zum großen Altensteiner Teppichbeet, das seit 2003 wieder alljährlich nach historischen Vorlagen mit Wechselflor bepflanzt wird. Nach der Frühjahrsbepflanzung folgt im Mai die originalgetreue Bepflanzung im aufwendig-ornamentalen Teppichbeetstil des späten 19. Jahrhunderts mit nicht winterharten Pflanzen. In der Zeitschrift *Die Gartenwelt* des Jahres 1914 wird dieses „Fettpflanzenteppichbeet" wie folgt beschrieben: „Es hat 10 m Durchmesser, die Mitte bildet eine tadellos gezogene Agave […] die Bepflanzung [besteht] aus verschiedenartigen Echeverien, buntblättrigem Mesembrianthemum, Kleinia repens, Sedum aureum, Iresine Lindeni, Pelargonien und Alternanthera versicolor aurea und Reinhardtii […]. Eine 1 ½ m breite Teppichrabatte umgibt dieses Mittelbeet, deren Felder mit Kleinia repens, Alternanthera und Sempervivum archnoidedeum gefüllt sind" (Die Gartenwelt 18, Nr. 46, 14.11.1914). Wie auch schon in der Zeit vor 1914 werden das Muster und die Pflanzenauswahl alljährlich etwas variiert.

Am südlichen Rand des großen Teppichbeets wurde 1898 die Bronzefigur des Idolino in Verbindung mit einem Wasserbecken aufgestellt. Im Brunnenbecken befindet sich eine kleine Glockenfontäne, die ein Blütenbouquet durch den erzeugten Wasserschleier glasähnlich überwölbt. Der Idolino ist die Kopie einer antiken Jünglingsstatue. Die Vorlage, eine römische Kopie eines griechischen Originals, wurde 1530 in Pesaro entdeckt und befindet sich heute im Archäologischen Nationalmuseum in Florenz.

Auf der östlichen und der nördlichen Schlossterrasse wurden in den 1890er Jahren drei Bronzeplastiken antiker Gottheiten platziert, von denen zwei – Diana und Hermes – Bronzekopien antiker römischer Vorlagen sind, die nach griechischen Originalen gefertigt wurden. Die Figur der Diana (Artemis) fand man im 16. Jahrhundert in Italien. Das Original stand ab 1556 in Fontainebleau, dann ab 1602 im Pariser Louvre, zwischenzeitlich lange in Versailles und seit 1798 wieder im Louvre. Der Hermes (lat. Mercurius) wurde 1758 in Herculaneum ausgegraben und wird bis heute im Archäologi-

Hermes, Kopie einer römischen Plastik, Schloss, Ostterrasse

schen Museum in Neapel ausgestellt. Die dritte Bronzeplastik, der Marsyas, dargestellt als sitzender Flötenspieler, wurde zwischen 1892 und 1896 von Adolf von Hildebrand eigens für den Altenstein geschaffen. Die Plastiken Hermes und Marsyas (Letzterer als Kopie) kehrten 2017 an ihre Originalstandorte zurück. Die Figur der Diana steht derzeit am südlichen Kavaliershaus und wird nach Abschluss der Schlosssanierung wieder an ihrem Originalstandort auf der Nordterrasse aufgestellt. Alle Freiplastiken sind antike oder antikisierende Kunstwerke, die mit dem in der Formensprache der Renaissance gestalteten Schloss hervorragend korrespondieren.

Die dichtberankten Pergolen auf den Gartenterrassen am Schloss spenden seit den 1880er Jahren im Sommer Schatten und rahmen die Fernsichten in westliche Richtung. Vom Pergolengang der oberen Terrasse bietet sich der beste Blick auf das Altensteiner Knotenbeet. Das Knotenbeet wurde erstmals 1850 bepflanzt und existiert in einer etwas abgewandelten Form bis heute. Knotenbeete und Knotengärten wurden in der Renaissancezeit ent-

Adolf von Hildebrand, Plastik des Marsyas, Schloss, Ostterrasse (Kopie)

wickelt. Die Knotenmuster werden aus kunstvoll sich überschneidenden Bändern niedriger Pflanzen – zum Beispiel Buchsbaum, Thymian, Lavendel oder Rosmarin – gebildet und sind vor allem in England und Holland noch immer sehr beliebt. Auf der mittleren Terrasse des Altenstein wird Buchs als Strukturpflanze verwendet. Die Flächen zwischen den Bändern werden mit Sommerblumen bepflanzt.

Die obere Terrasse schließt direkt an den Darresfelsen an. An der schlossnahen Seite des Felsens sind noch die Reste des ehemaligen runden Bergfrieds der Burg, des späteren „Hexenturms", erkennbar. Georg I. ließ den Darresfelsen 1799 als schlossnahen Aussichtspunkt erschließen und zeitweise mit einem türkischen Zelt ausstaffieren. 1802 wurde hier ein Sichttelegraf aufgestellt, der über einen nächsten Standort, den Telegrafenfelsen südlich des Chinesischen Häuschens, Signale nach Liebenstein übertragen konnte. Später im 19. Jahrhundert diente der Felsen als Standort eines Fahnenmasts. An der Felswand ist eine Gedenkplatte für den jüngsten Sohn

Mittlere Terrasse, Knotenbeet

von Prinz Ernst von Sachsen-Meinigen, Jörg (Georg Wilhelm) von Saalfeld, und den Kriegsfreiwilligen Hermann Lietz (nicht zu verwechseln mit dem gleichnamigen Pädagogen) angebracht, die beide als Jagdflieger im Ersten Weltkrieg umkamen. Zwischen Felsen und Pergola ist der Eingang zur ehemaligen Zisterne der Burganlage versteckt. Die Zisterne ist nur im Rahmen von Sonderführungen zugänglich.

Auf der Südterrasse des Schlosses steht seit Beginn des 19. Jahrhunderts eine Linde, die sowohl den Umbau des Schlosses 1888/90 als auch den Schlossbrand von 1982 überlebt hat. Auf dem Weg entlang der Ostterrasse des Schlosses in Richtung Ritterkapelle sollte – neben den Balustraden und Plastiken – auch die 2021 wieder angebrachte Zierleuchte an der Südostecke beachtet werden. Die Schmuckbekrönungen der vorgewölbten *bow windows* mit dem zentralen „G" für Georg und das Wappen des Hauses Sachsen am großen Ziergiebel sind ebenfalls einen Blick nach oben wert. Der kleine Laufbrunnen aus Marmor in der Mitte der Ostterrasse macht durch leises Plätschern auf sich aufmerksam.

Ritterkapelle

Teufelsbrücke, kolorierter Kupferstich, um 1850

Nordwestlich des Schlossgebäudes befindet sich seit Ende 1798 auf einer weiteren der steil aufragenden Felsklippen eine kleine, in verputztem Fachwerk ausgeführte „Gotische Kapelle" – die Ritterkapelle. Vor dem lohnenden steilen Treppenaufstieg zur Kapelle sieht man auf der linken Seite eine Nische, in der sich um 1800 eine Mooshütte befand.

Unterhalb der Ritterkapelle und der dort befindlichen großen Linde entdeckt man am Rande eines Platzes zwei in den Fels gehauene Steinsitze, die sogenannten „Hundischen Kanapees". Der Begriff „Hundisch" bezieht sich auf das Geschlecht der Hund von Wenkheim, die 1492 die Burg und Herrschaft Altenstein als Lehen erhalten hatten und bis 1722 den Altenstein besaßen. Der Legende nach übten die Herren Hund von Wenkheim einst von diesen Steinsitzen unterhalb der großen Linde ihre Rechtsgewalt aus.

Auf der Wiese unterhalb des Lindenplatzes befanden sich ab 1799 die heute verschwundenen „Prinzessinnengärtchen" für die Kinder von Georg I. Adelheid bekam ihr eigenes Gärtchen zum siebten Geburtstag 1799, Ida ihres zum sechsten Geburtstag 1800. Zu jedem Garten gehörte jeweils ein kleines Spielhaus. Später erhielt auch der im Jahr 1800 geborene Erbprinz Bernhard sein eigenes Häuschen zwischen den beiden Gärten, die bereits existierten.

Teufelsbrücke

Die Gärten mit den Gebäuden bestanden bis mindestens 1834. An den beiden großen Felsen am Rande des Platzes oberhalb der Gärten wurden die Initialen „A" und „I", für die beiden Prinzessinnen angebracht. Die Befestigungspunkte der Lettern sind an den „Prinzessinnensteinen" noch heute erkennbar. Von hier führt der Weg vorbei an der Zwillings-Esche, die wohl noch auf Pückler oder Petzold zurückgeht, zur Nordseite des Bassinrasens.

Der nördliche Außenpark

Vom Bassinrasen führt ein Weg aus dem seit 1889 eingefriedeten Innenpark hinauf Richtung Teufelsbrücke und Fohlenwiese. Nach dem Innenparktor befindet sich rechter Hand die ehemalige Fasanentränke. Der Hauptweg verläuft entlang eines hangseitig parallel zum Weg geführten Grabens, der vom Weg aus kaum wahrzunehmen ist. Höchstwahrscheinlich befand sich auf der Grabensohle ein Weidezaun, der das Vieh vom Kernbereich des Parks fernhielt. In englischen Landschaftsgärten dienten solche, nur aus unmittelbarer Nähe wahrnehmbare Gräben (*sunken fences*) dazu, die Weidetiere vom eigentlichen Park fernzuhalten, den Sichtbezug zur umgebenden Landschaft aber nicht zu behindern. Der Ausruf des Verblüffens über diese nicht er-

Herzogsgrab

wartete Konstruktion beim nahen Herantreten – „Ha-ha!" beziehungsweise „Aha!" – übertrug sich auf das Gestaltungselement. Hofgärtner Eduard Ferrier berichtet 1849/50 von der Begrenzung der Fohlenwiese durch solche „Hahas" (Landesarchiv Thüringen – Staatsarchiv Meiningen, Hofmarschallamt 557). Weiter führt der Weg hinauf zur sogenannten Teufelsbrücke, einer Kettenbrücke, die zwei gegenüberstehende Felssporne miteinander verbindet. Die Brücke wurde ursprünglich im Jahr 1800 in direkter Anspielung auf gewagte alpine Brückenkonstruktionen gebaut. Zeit- und genretypisch wurde diese erste Altensteiner Teufelsbrücke zunächst als „wilde" Holzbrücke aus zwei rohen, ungeschälten Eichenstämmen mit eingelegten Holzbrettern und Knüppel- beziehungsweise Astgeländern ausgeführt. Es war sogar geplant, Wasser unter der Brücke hindurchfließen zu lassen und einen Rundturm jenseits der Schlucht zu errichten, was aber nach 1803 nicht mehr fertiggestellt wurde. 1818 ersetzte man die starre Holzbrücke durch eine auf Ketten lagernde Hängebrücke ohne Geländer. Nach Zerstörung dieser zweiten Teufelsbrücke im Jahr 1918 erfolgte 2009 die Wiedererrichtung einer

Sennhütte mit vereistem Wasserfall

Kettenbrücke, nun allerdings mit Geländer. Über die schwankenden Bretter gelangt man auf ein bearbeitetes Felsplateau. Dort wird der Besucher mit einer bereits vor über 100 Jahren beschriebenen „prächtigen Aussicht" – vor allem zum Schloss und in den Innenpark belohnt.

In kurzer Entfernung von der Teufelsbrücke befindet sich das Grabmal für Charlotte und Bernhard III. von Sachsen-Meiningen. Es wurde 1920/21 nach Plänen des Hofbaurats Carl Behlert (1870–1946) am Lieblingsplatz des letzten Meininger Herzogs errichtet. Von dieser Stelle hat man eine phantastische Aussicht über das Werratal und zu den Bergen der Rhön. Am 23. Juli 1921 wurde hier der Sarg der 1919 verstorbenen Herzogin beigesetzt. 1928 folgte die Bestattung des ehemaligen Herzogs.

Vom Herzogsgrab führt der Weg weiter aufwärts über die Fohlenwiese mit ihren eindrucksvollen Baumgruppen aus der Zeit um 1850. Ein zwischen 1808 und 1848 eingerichtetes Gestüt gab diesem Parkbereich seinen Namen. Am höchsten Punkt des Parks befand sich einst das zum Gestüt gehörige Fohlenhaus, das im „arabisch-orientalischen Geschmack" eingerichtet war und unter Georg II. zum Teehaus umgestaltet wurde. Am Gelände der ehemaligen Hofgärtnerei vorbei gelangt man wieder zum Vorplatz des Hofmarschallamts.

Wer etwas mehr Zeit hat, sollte über den am Eingangsbau des Schlosses beginnenden Wasserfallweg einen Abstecher in das etwas abseits der Hauptwege gelegene Luisenthal einplanen. Dort wurde oberhalb einer aus dem Taleinschnitt herausragenden Felsgruppe 1798/99 die sogenannte Sennhütte, ein mit Bohlen verblendeter Fachwerkbau im alpenländischen Stil, gebaut. Er bildet zusammen mit dem gleichzeitig entstandenen künstlichen, über die Granitfelsen in einen Teich herabstürzenden Wasserfall eine eindrucksvolle Szenerie. Für den Wasserfall wird seit über 220 Jahren eigens das Wasser eines Bergbachs gestaut, abgeleitet und über mehrere 100 Meter in einem Kunstgraben geführt. Auch der untere Teich wurde als Spiegelfläche für Wasserfall, Felsen und Sennhütte 1798/99 angelegt. Oberhalb des Luisenthals befindet sich der „Breite Rasen", eine Waldwiese die früher der Ausrichtung von Volksfesten diente, zum Beispiel am 13. August 1846 für das große Fest zu Ehren von Adelheid, der verwitweten Königin von England.

Die südlichen Partien des Außenparks

Dem Hofmarschallamt gegenüber steht eine steinerne Bank mit geschweiften Füßen und Wangen, deren Inschrift „F.V.R.F.A.U.L.E." meist als „für Faule" gedeutet wird. 1803 wurde vom Hofbildhauer Müller eine solche Bank angefertigt und auf der anderen Seite der Straße aufgestellt. Höchstwahrscheinlich wurde diese alte Bank unter Georg II. durch eine Neuanfertigung ersetzt. In einer Verfügung des Herzogs vom 30. Juli 1887 an den Hofbaumeister Albert Neumeister heißt es dazu: „die neue Steinbank hinter dem Stalle hat jetzt die Aufschrift ‚Für Faule'. In Folge deßen wird sie gemieden. Die Aufschrift muß wie die frühere, räthselhaft sein [...]". Bei der Neuordnung der Inschrift sollten nun die einzelnen Buchstaben den gleichen Abstand bekommen, „so daß man diese Aufschrift auch lesen kann: ‚Friede und Ruhe für alle unglücklich liebenden Ehefrauen'" (Landesarchiv Thüringen – Staatsarchiv Meiningen, Hofbauamt 56). Nachdem man genug gerätselt oder gefaulenzt hat, kann man sich den südlichen Partien des Parks widmen. Rechts neben der Bank „F.V.R.F.A.U.L.E." beginnt der Weg, der am

Morgentorfelsen

Waldhaus vorbei in südliche Richtung, weiter zur Katzenkopfwiese führt. Die Gestaltung der Katzenkopfwiese wurde maßgeblich von Fürst Pückler konzipiert, der im Oktober 1845 persönlich mit der Herzogin auf dem Altenstein Absteckungen für Baumpflanzungen vornahm. Eindrucksvoll sind auf dieser weiträumigen Wiese insbesondere die mächtigen Linden- und vor allem Rotbuchengruppen, für die bis zu einem Dutzend sehr eng zusammenstehende Bäume gepflanzt wurden, die nun aus der Ferne wie riesige Einzelbäume wirken. Wahrscheinlich bestehen viele der dortigen freistehenden „Einzelbuchen" ebenfalls aus zwei oder drei einst in ein Loch gepflanzten Jungbäumen, die seit dem 19. Jahrhundert zu einer einzigen gewaltigen Baumgestalt zusammenwuchsen, bei denen die Einzelbäume jedoch auch aus der Nähe kaum noch erkennbar sind. Leider mussten einige dieser Bäume in den letzten Jahren auf Grund von Überalterung, Stürmen oder Trockenschäden gefällt werden. Der Weg über die flach gewellte Katzenkopfwiese in Richtung des Morgentorfelsens führt am Standort der unvollendet gebliebenen, 1803 begonnenen Chinesischen Rotunde vorbei.

Der gewaltige Morgentorfelsen an der Südspitze des dort steil abfallenden Altensteiner Plateaus ist einer der schönsten Aussichtspunkte des Parks. Von ihm aus bietet sich ein eindrucksvolles Panorama. Im Vordergrund sind die Burgruine und die Ortslage Liebenstein, der Antoniusberg und der Ort

Schweina zu sehen. Der Blick schweift weiter vom Thüringer Wald über das Werratal bis in die Rhön.

Die um 1800 bereits geplante Errichtung eines ganzen „chinesischen" Dörfchens auf dem Morgentorfelsen unterblieb bis auf die vorbereitenden Planierungsarbeiten, die noch heute sichtbar sind. Vom Morgentorfelsen gelangt man weiter durch das sogenannte Morgentor, einer Engstelle in den Felsformationen, von wo aus man das Chinesische Häuschen auf einem Felsen, dem Hohlen Stein, erblickt. Das ursprüngliche im Jahr 1800 errichtete Chinesische Häuschen wurde 1923 abgebrochen. Es wurde auf der Grundlage der örtlichen Befunde sowie erhaltener historischer Fotografien und Aufmaße 2011 in seiner äußeren Form originalgetreu wiederhergestellt. Die Glasglocken aus Thüringer Waldglas an der Dachtraufe wurden entsprechend eines erhalten gebliebenen Originalglöckchens nachgefertigt. Das chinoise Gebäude ist einer der wichtigsten Sichtbezugspunkte innerhalb des Parks, eine weithin sichtbare „Landmarke" sowie ein Erkennungs- und Wahrzeichen für das künstlerisch gestaltete Altensteiner Plateau. Über gehauene Stufen erreicht man die Spitze des Felsens. Der Blick reicht weithin über die Ortslage Schweina in das Werratal bis in die Rhön. Geht man durch das Gebäude hindurch, wird die Sicht in Richtung Norden vom Windsberg im Hintergrund bestimmt. Aber auch die Teufelsbrücke (circa ein Kilometer Luftlinie entfernt) im nördlichen Teil des Parks ist zu sehen. Weit entfernte Partien innerhalb des Parks werden so optisch zusammengezogen. Von dem 1801 errichteten, mit Messingglocken versehenen „chinesischen Thor am Hohlenstein" haben sich keine Spuren erhalten.

Vom Chinesischen Häuschen in Richtung Norden führt der Hauptweg ein Stück oberhalb einer kleinen Höhle, der sogenannten Katz- und Maushöhle, entlang. Die dortigen Felsreliefs sollen allerdings, als Erinnerung an ein Jagderlebnis von Georg I., einen Fuchs und einen Hund darstellen. Weiter geht es, direkt am lindenumstandenen Bernhardsplatz vorbei, zum Blumenkorbfelsen.

Der rund 18 Meter hohe Blumenkorbfelsen wurde als Denkmal für Charlotte Amalie, die 1801 verstorbene Mutter von Herzog Georg I., in den Jahren 1802/03 künstlerisch umgestaltet. Denkmäler für Frauen sind bis heute selten und waren es um 1800 erst recht. Charlotte Amalie hatte das Herzogtum als vormundschaftliche Regentin erfolgreich durch sehr schwierige Zeiten

geführt. Am Fuße des Felsens schuf der Hofbildhauer Christian Müller in einer Nische eine reichverzierte bogenförmige Greifenbank aus Sandstein, die mit einer Porträtbüste der Herzoginmutter geschmückt wurde. Die schmale Felspyramide ist von der Rückseite durch eine in den Stein geschlagene Treppe erschlossen. Die eingeebnete Spitze des Felsens ziert ein – ebenfalls aus Sandstein angefertigter – großer bepflanzter Blumenkorb, der nach zwischenzeitlicher Zerstörung im 20. Jahrhundert 2013 wiederhergestellt wurde. Von einer kleinen Aussichtsplattform eröffnen sich Sichten zum Schloss und in die Landschaft. Ein blumenkorbgeschmückter Felsen ist ein seltenes, vielleicht sogar singuläres Phänomen in der Gartenkunst, was dem weitgereisten „Parkomanen" und Reiseschriftsteller Fürst von Pückler-Muskau sogleich ins Auge fiel. Er äußerte sich 1846 sehr lobend zum Altenstein und auch speziell zum Blumenkorbfelsen: „Im Park selbst befinden sich viele überraschend barocke Felsenpartien, die sinnig zu kleinen Gebäuden (eine isolierte Spitze unter andern wird nur durch einen kolossalen Blumenkorb gekrönt) benutzt worden sind." Vom Blumenkorb führt der Weg über die Brunnenwiese zurück zur Ostseite des Hofmarschallamts. Hier endet unser Rundweg.

Die Altensteiner Höhle

Am südlichen Fuße des in diesem Bereich besonders steil aufragenden Altensteiner Zechsteinriffs, am Übergang zum Glücksbrunner Schlosspark, befindet sich der Eingang zur Altensteiner Höhle. Diese natürlich entstandene Karsthöhle wurde 1799 unter Herzog Georg I. entdeckt, sofort in die Altensteiner Parkgestaltung einbezogen, in ihrem vorderen Teil für Besucher erschlossen und nach landschaftlichen Prinzipien umgestaltet. 1827 und in den 1950er Jahren erfolgten Erweiterungen der für Besucher zugänglichen Höhlenbereiche.

Dieser „Garten unter dem Berg", als unterirdische Fortsetzung der Altensteiner Anlagen, ist – auch durch seine Kombination von Felshöhle und aktiver Bachhöhle – einzigartig. Der Weg in die Tiefe führt durch den Musiksaal, in dem einst herzogliche Echokonzerte stattfanden, über den Großen Saal, der seit über 220 Jahren für Veranstaltungen genutzt wird, bis hin zum Höhlenbach mit dem künstlich angestauten Höhlensee in dessen kristallklarem

Wasser sich die Felswände spiegeln. Bei der Erschließung der Höhle stand –
in enger Verbindung mit der Illumination – die Musik im Vordergrund. Die
Höhle bietet ausgezeichnete akustische Eigenschaften und ist gleichzeitig
frei von ablenkenden Geräuschen. Insbesondere der erste, circa zwölf Meter
hohe Saal wurde nicht nur als Musiksaal genutzt, sondern speziell für die
musikalischen Darbietungen gestaltet. Herzog Georg I. berichtet von der
Praxis der Echokonzerte, wofür eigens eine über einen Seitengang erschlossene, durch aufwendige Felsbearbeitungen und Mauerarbeiten geschaffene
hohe Empore sowie ein gegenüberliegender niedrigerer Stellplatz dienten:
Im ersten Saal „erscheint einem links eine Felswand, auf deren Höhe […]
eine Platforme mit einem eisernen Geländer sich befindet, welche gewöhnlich den Hautboisten [Oboisten] zum Standpunkte dienet. [Weiterhin gibt
es] eine Seitenhöhle, […] an ihrem Ende steht gewöhnlich das zweite Haut-
boistencorps, um das Echo zu bilden" (Georg I., 1801). Auch im ungefähr
14 Meter hohen Großen Saal wurde unter Georg I. eine über gerundete Stufen erschlossene Empore mit einem zusätzlichen Durchblick zum Höhlensee, in die „unheimliche Tiefe", geschaffen. Ein Rätsel gibt die Porträtbüste
am Höhlensee auf. Ab circa 1854 befand sich auf dem dortigen Granitposta-
ment eine Büste aus Gips, die – nach zwischenzeitlichem Fehlen – in den
1920er Jahren durch eine neue Gipsplastik ersetzt wurde. Nach dem Zweiten
Weltkrieg wurde diese jedoch zerstört und durch eine Marmorbüste unbe-
kannter Provenienz ersetzt. Von keiner der durch die drei verschiedenen
Büsten dargestellten Personen konnte jedoch die Identität zweifelsfrei ge-
klärt werden. Die Altensteiner Höhle ist im Rahmen von Führungen und bei
Veranstaltungen zugänglich.

Brahms-Gedenkstätte und Chinesisches Kabinett im Schloss

Die musischen Ambitionen des kunstsinnigen Herzogs Georg II. und seiner dritten Ehefrau, Helene Freifrau von Heldburg, schlossen auch Besuche bedeutender Künstler ein. Ein gern gesehener Gast war Johannes Brahms. Der Kontakt war über Hans von Bülow zustande gekommen, der von 1880 bis 1885 in Meiningen als Hofkapellmeister tätig war.

Ab 1881 entwickelte sich zwischen dem Herzogspaar und Brahms eine vertrauensvolle Beziehung, die in der Folge auch Einladungen in das Altensteiner Schloss nach sich zog. Doch bis zu einem Besuch auf dem Altenstein sollte es noch dauern. In einem Brief an den Künstler 1891 warb Helene nicht zum ersten Mal: „Hätten Sie nicht Lust, sich hier auf dem Thüringer Wald einmal umzusehen? Wenn Sie die Hirsche schreien hören könnten, das wäre etwas für Sie! Freilich hören sie schon mit Mitte dieses Monats auf zu brüllen

Schloss, Brahms-Gedenkraum

wie die Löwen, und wenn wir Sie auch für unser Leben gern so lange hier hätten, so werden Sie so lange nicht kommen mögen, obgleich ich nicht einsehe, warum Sie nicht ebenso gut hier zu Hause sein, hier ungestört, ja noch viel ungestörter sollten componieren, lesen, schreiben können, wie in Wien, und wandern könnten Sie hier noch ganz anders!!" 1894 und 1895 folgte Brahms schließlich den mehrfach ausgesprochenen Einladungen und weilte einige Male auf dem Altenstein.

Die Aufenthalte scheinen ihn geradezu begeistert zu haben, denn in einem Brief an Clara Schumann (1819–1896) schreibt er am 17. November 1894: „Liebe Clara. Hier vergeht ein Tag nach dem andern so leicht und schön, daß man schwer zum Abfahren kommt. Dazu geht die Frankfurter Schlemmerei so fort! Jeden Tag Champagner und was sonst für Herrlichkeiten. Wie liebenswürdig aber die Herrschaften sind, ist schwer zu sagen aber leicht u. schön zu genießen [...]. Ich wünschte (und die Herrschaften auch), Du mögest hier an meinem Fenster sitzen, auf meinen Balkon hinausgehen können und dann hinaus in den herrlichen Park und Wald [...]". Brahms konnte hier weitgehend frei von höfischen Konventionen Gespräche führen und musizieren.

Brahms' Aufenthalte auf dem Altenstein waren lange nahezu unbekannt. Erst Forschungen und das Engagement des Ehepaars Prof. Renate Hofmann und Prof. Kurt Hofmann änderten das. Die beiden ausgewiesenen Brahms-Experten aus Lübeck haben im Laufe ihrer Beschäftigung mit dem Komponisten nicht nur wertvolle wissenschaftliche Arbeit zu Brahms geleistet, sondern über Jahrzehnte auch eine wertvolle Sammlung an „Brahmsiana" aufgebaut. Mit unermüdlichem Engagement sorgen die beiden seit vielen Jahren dafür, dass die Verbindung zum Altenstein auch einer breiteren Öffentlichkeit bekannt wird. Großzügigerweise erhielt die Stiftung Thüringer Schlösser und Gärten sowohl die Brahmsiana-Sammlung als auch eine umfangreiche Kollektion von *snuff bottles* und Ostasiatika als Schenkung. Seit 2017 werden Teile der „Renate-und-Kurt-Hofmann-Sammlung ‚Schloss Altenstein'" in zwei Räumen im Schloss präsentiert. Da im Schloss noch Bauarbeiten erfolgen und die Sammlung unter anderem wertvolle Autografen, Fotos und Archivalien enthält, die besondere konservatorische Bedingungen erfordern, entschied man sich gemeinsam mit den Schenkenden, die

Brahmsiana dem Thüringischen Landesmusikarchiv in Weimar vorüberge-
hend als Depositum zu übergeben. Hier werden sie seit 2021 wissenschaftlich
erschlossen und stehen für Forschungszwecke zur Verfügung.

Der Brahms-Gedenkraum im Schloss erinnert an die Aufenthalte des vir-
tuosen Komponisten am Meininger Hof und auf dem Altenstein. Auf einer
ausladenden Tischvitrine in der Mitte des Raums zieht eine Plastik von Johannes Brahms die Aufmerksamkeit auf sich. Nachdenklich sitzt der Komponist auf einem Stuhl, mit einem Stapel Notenblätter zu Füßen. Geschaffen
hat den Bronzeguss Reinhold Felderhoff (1865–1919) nach einem Gipsmodell
von 1901, das ursprünglich für ein Denkmal in Hamburg gedacht war.

Faksimilierte Briefe von und an Brahms, Bilder und Dokumente sowie
Fotografien mit Bezug zum Meininger Hof und anderen Künstlern vervoll-
ständigen die Präsentation und belegen den regen Austausch. So antwortete
beispielsweise Clara Schumann am 23. Dezember 1894 auf einen Brief des
Künstlers vom 17. November, in dem er sich sowohl über das Herzogspaar
als auch seinen Aufenthalt auf dem Altenstein euphorisch geäußert hatte:
„[…] Ich danke Dir nun auch heute für den lieben Brief aus Altenstein – wie
reizend müssen die Tage dort und in Meiningen gewesen sein. Ach, wer Solche ’mal miterleben könnte! […]“. Aber auch zahlreiche andere Korrespon-
denzen, etwa mit dem Musiker Richard Mühlfeld (1856–1907) oder seinem
Verleger Fritz Simrock (1837–1901), sind zu entdecken.

Zu den Kostbarkeiten der Sammlung gehört ein Exemplar der *Brahms-
Phantasie*, ein Band, den Max Klinger (1857–1929) gestaltet und für den er
41 Stiche/Radierungen und Steinzeichnungen geschaffen hat. Die limitierte
Auflage erschien 1894. Hier handelt sich um eines der ersten Exemplare der
Vorzugsausgabe. Klinger hatte zudem Titelblätter für Werke von Brahms
hergestellt, so zum Beispiel für *Vier Lieder für eine Singstimme mit Beglei-
tung des Pianoforte, op. 96*. Das Werk ist ebenfalls in der Ausstellung zu
sehen. Aufgestellt ist auch ein Klavier der Pianofabrik Burger & Jacob, wie
es Brahms benutzte.

Einer weiteren Leidenschaft des Ehepaars Hofmann galt das Sammeln
sogenannter *snuff bottles* und chinesischer Kleinkunst. Eine Auswahl der ex-
quisiten, inzwischen 500 Exemplare umfassenden Sammlung aus dem 17. bis
frühen 20. Jahrhundert wird im Chinesischen Kabinett gezeigt. Die Samm-

lung ist eine Reminiszenz an die Chinamode, die im 19. Jahrhundert auch am Meininger Hof gepflegt wurde.

Snuff bottles entstanden am chinesischen Kaiserhof, wo zwar Rauchen nicht geduldet beziehungsweise verboten war, aber Schnupftabak eine heilende Wirkung zugeschrieben wurde. Aufbewahrt wurde dieser in kleinen Fläschchen, die aus Glas oder Porzellan mit Unterglasmalerei gefertigt wurden. *Snuff bottles* waren bereits bei chinesischen Kaisern begehrte Sammlerstücke.

Zunächst war Schnupftabak der Oberschicht vorbehalten, aber im Laufe der Zeit verbreitete er sich in weiten Teilen der Gesellschaft und es gehörte nun zum guten Ton, ihn Gästen anzubieten. Die Fläschchen konnten aus ganz unterschiedlichen Materialien hergestellt sein: Glas, Elfenbein, Horn, Bein, Schildpatt, Perlmutter und dergleichen mehr, kunstvoll geschnitzt oder bemalt mit figürlichen Szenen, darunter auch erotische. Der Vielfalt an Materialien und Formen waren keine Grenzen gesetzt. Diese Bandbreite bilden die circa 200 Sammlerstücke im Chinesischen Kabinett eindrucksvoll ab.

Werke chinesischer Kleinkunst ergänzen die Sammlung, darunter Porzellangefäße und -teller sowie Schnitzereien aus Holz oder Elfenbein mit szenischen beziehungsweise figürlichen Darstellungen. Die beiden Räume sind nur mit Führung zu besichtigen.

Aufgaben und Ziele in Schloss und Park Altenstein

Das Schloss- und Parkensemble Altenstein ist das Ergebnis einer Entwicklung der Gestaltungsideen aus dem Haus Sachsen-Meiningen, dem die Anlage als Sommerrefugium diente. Eingebettet in den 160 Hektar großen Landschaftspark steht das Schloss im Thüringer Wald in grandioser Lage hoch über dem Werratal, umgeben von pergolenbestandenen Terrassenanlagen und aufwendigen Teppich- und Knotenbeetpflanzungen.

Das architektonische Herzstück bildet das 1888 bis 1890 auf einem Vorgängerbau errichtete Schloss, das als bedeutendes Zeugnis des Historismus überkommen ist. Allerdings vernichtete 1982 ein verheerender Brand nahezu die gesamte Ausstattung sowie den kompletten Dachstuhl. Mit dem Beschluss zum sofortigen Wiederaufbau konnte in den Folgejahren ein neues Dach aufgesetzt werden, wodurch das Schloss als Kernelement des Ensembles erhalten blieb. Aber erst mit Übernahme in den Bestand der Stiftung Thüringer Schlösser und Gärten 1995 war es möglich, die Sanierung fortzusetzen, die 2010/11 durch eine Förderung aus dem Bundesprogramm „Investitionen für nationale Kultureinrichtungen in Ostdeutschland" forciert werden konnte. Damit konnten die Grundsubstanz des Schlossbaus einschließlich der Fassaden wiederhergestellt und das Dach neu eingedeckt werden. Auch mit dem Innenausbau wurde begonnen. Eine großzügige Schenkung von Brahmsiana und *snuff bottles* des Ehepaars Professores Hofmann ermöglichte die Einrichtung von zwei Ausstellungsräumen im Obergeschoss, mit denen an die Aufenthalte des Komponisten Johannes Brahms und an die China-Mode der Zeit erinnert wird. Seit 2017 können sie im Rahmen von Führungen besichtigt werden. Die Schlossterrasse mit den beiden Figuren des Marsyas und des Dornausziehers konnten ebenso wiederhergestellt werden wie die obere und mittlere Terrasse, deren Pergolen und die aufwendigen Beetbepflanzungen.

Das Schlossinnere, die Küchenterrasse, der gefährdete Küchenbau, der Zechsteinfels und der Turmstumpf der Vorgängerburg sowie die untere Terrasse harren noch der weiteren Instandsetzung beziehungsweise Fertigstellung mit Brunnen, Pergolen und Bepflanzungen, die nun erfreulicherweise mit Hilfe des Sonderinvestitionsprogramms I von Bund und Freistaat Thüringen möglich erscheinen. Ziel des Schlossinnenausbaus ist nicht eine Rekonstruktion der Räume, sondern eine Wiederherstellung der Anmutung und Erscheinung aus der Zeit Herzog Georgs II. Ende des 19. Jahrhunderts, die vor allem durch dunkelfarbige Holzeinbauten an Decken und Wänden geprägt waren. Die repräsentativen Räume wie Vestibül, Treppenhaus und Speise- beziehungsweise Festsaal sollen mit Hilfe der erhaltenen originalen Ausstattungselemente wieder komplettiert werden. Die übrigen Räume werden dazu farblich passend abgestimmt. Geschaffen wird zudem ein neuer zweigeschossiger Konzertsaal. Das Schloss soll nach der Sanierung eine multifunktionale Nutzung erhalten, die sowohl die bereits eröffnete museale Präsentation beinhaltet, als auch Räumlichkeiten für Veranstaltungen, wie den Konzert- und den historischen Speisesaal im Obergeschoss, aber auch Räume im Erdgeschoss beispielsweise für Trauungen. Auch hier soll der Schwerpunkt auf der Tradition Herzog Georgs II. und seiner Frau, Helene Freifrau von Heldburg, liegen, bei musikalischen Veranstaltungen insbesondere auf dem vom Herzogspaar verehrten Johannes Brahms.

Von besonderer Bedeutung und Exklusivität sind das Schloss und sein direktes Umfeld, Architektur, Pergolen, Terrassengärten aufs Trefflichste vereinend, und ihr inszenierter Übergang in die durch Felsen und Staudenpflanzungen geprägte Natur. Hier muss größte Sorgfalt bei der Wiederherstellung obwalten, damit das bestehende exquisite Gleichgewicht nicht gestört oder zerstört wird.

Zum Gesamtensemble gehört auch die Gebäudegruppe am Eingang zum Innenpark mit Hofmarschallamt und dem sogenannten Rundbau einschließlich der beiden Kavaliershäuser, die das Süd- beziehungsweise Nordende als malerische Kopfbauten zieren. Diese Bauten wie auch das östlich oberhalb gelegene Waldhaus bedürfen zum Teil einer grundlegenden Instandsetzung, die Voraussetzung für die weitere Entwicklung des Gesamtensembles ist. Ein erster Anfang ist die Einrichtung eines einladenden Besucherzentrums im sogenannten Rundbau am Parkeingang zur Verbesserung der touristischen Infrastruktur. Es konnte gemeinsam mit der Bad Liebenstein GmbH Ende April 2022 eröffnet werden und steht Gästen sowohl für Informationen rund um das Schlossensemble sowie für Buchung von Führungen durch Schloss

Schloss, ehemaliger Speise- bzw. Festsaal, Fotografie, nach 1970

und Park oder einfach zum Verweilen offen. Für die Umsetzung standen Sondermittel für Digitales und Vermittlung des Bundes (SchlösserWelt Digital&Original) zur Verfügung. Künftig sollen das Vermittlungs- und Führungsangebot ausgebaut und durch Themenführungen ergänzt werden. Auch die weitere Verbesserung der Besucherinfrastruktur mit einer dauerhaften Lösung der Parkplatzproblematik sind in Planung.

Eine Herausforderung für die Gartendenkmalpflege besteht im Erhalt und der Pflege des Landschaftsparks und seiner Ausstattung. Er zählt flächenmäßig wie auch gestalterisch zu den größten Leistungen, die in Thüringen hervorgebracht wurden. Damit gehört er nicht nur zu den bedeutendsten Parkanlagen Deutschlands, sondern darf auch mit seinen ganz besonderen geologischen Formationen, den damit in kongenialer Verbindung stehenden Parkarchitekturen und seiner spektakulären Lage hoch über dem Werratal Einzigartigkeit beanspruchen.

In den vergangenen Jahren ist es erfreulicherweise gelungen, einen großen Teil des Rundwegenetzes und die Parkstaffagen sukzessive wiederherzustellen. Zu ihnen zählen die sogenannte Teufelsbrücke, das Chinesische Häuschen beziehungsweise der Blumenkorb auf dem gleichnamigen Felsen. Auch die Pergolen der oberen und mittleren Gartenterrasse am Schloss mitsamt den aufwendigen Teppichbeeten wurden wiederhergestellt. Im Rahmen des Sonderinvestitionsprogramms I stehen die Instandsetzung der Küchenterrasse sowie der unteren Terrasse mit ihren Pergolen, Brunnen und Bepflanzungen an, um mittels der hochwertigen gärtnerischen Gestaltung das Schloss wieder als integrativen Bestandteil der Parkanlage sichtbar werden zu lassen. Weitere Aufgaben warten im Park mit der Innenrestaurierung der Ritterkapelle, der Instandsetzung des Ensembles Sennhütte im Luisenthal und der Restaurierung des historischen Wegenetzes sowie der Wasseranlagen.

Eine besondere Herausforderung stellt der Klimawandel mit seinen Folgen im Hinblick auf fachliche Fragen, aber auch die personelle und finanzielle Ausstattung der Stiftung Thüringer Schlösser und Gärten dar. Infolge von Stürmen, Starkregenereignissen und Trockenheit kam es in den vergangenen Jahren zu enormen Schäden an Wegen und Felsformationen, für deren Beseitigung erhebliche Finanzmittel beziehungsweise hoher Personaleinsatz erforderlich sind. Besonders schmerzhaft sind die vielen Gehölzverluste. Nicht nur Bäume inmitten von Waldpartien sind betroffen, sondern auch stattliche Altbäume in malerischen Baumgruppen, die wesentliche Bestandteile der Parkszenerien sind. Umfangreiche Nachpflanzungen sind erforderlich, wobei es darum geht, nachhaltige Pflanzungen zu finden, die den Erhalt der historischen Parkgestaltung sicherstellen. In ersten Versuchen wurden beispielsweise junge Baumsämlinge aus dem Park in Kombination mit einer großflächigeren Bodenverbesserung gepflanzt. Damit sollen die Nachpflanzungen bessere Nährstoff- und Feuchtigkeitsbedingungen erhalten. Der Ersatz durch klimaresistente Sorten ist derzeit keine Alternative, da für die Gartendenkmäler seinerzeit genau ausgewählte, die Parkbilder generierende und die gewünschte Wirkung erzielende Bäume mit spezifischem Habitus und Wuchs sowie spezifischer Kronenform und Blattfärbung ausgewählt worden sind. Für deren Erhalt wird daher in den nächsten Jahren das Wassermanagement eine zentrale Aufgabe sein. Notwendig sind Speicher- und Bewässerungsmöglichkeiten, für die es entsprechender Reservoire bedarf. Im Verbund der deutschen Schlösserverwaltungen, aber auch Partnereinrichtungen laufen derzeit Forschungsprojekte und Feldversuche, um der Gesamtproblematik zu begegnen und den historischen Park- und Gartenanlagen langfristig eine Zukunft geben zu können. Eine besondere Herausforderung wird künftig auch die Anzucht der speziellen Pflanzen für das Altensteiner Teppichbeet, die in entsprechender Qualität und Größe exakt zum Pflanzdatum vorhanden sein müssen. Denn es gibt immer weniger Gartenbaubetriebe und es fehlt der Gärtnernachwuchs. Dauerhafte kompetente Pflege der Gartendenkmäler durch entsprechend qualifiziertes und vorhandenes Personal sowie eine angemessene Finanzausstattung sind jedoch die Grundvoraussetzungen, um die Anlagen für zukünftige Generationen erhalten und auf den Klimawandel reagieren zu können.

Das Schloss-und-Park-Ensemble Altenstein, das einer der Außenstandorte der BUGA 2021 in Erfurt war, erfreut sich über die örtliche Bevölkerung hinaus zunehmender Beliebtheit. Seine Besonderheit und Bedeutung mit vielfältigen Vermittlungsangeboten einer breiten Öffentlichkeit nahezubringen und mittels angemessener Veranstaltungen an die herzogliche Tradition des Naturerlebnisses und des Musenhofs anzuknüpfen, ist Aufgabe und Ziel der Schlösserstiftung. Eine zentrale Rolle soll dabei der vom Herzogspaar überaus geschätzte Johannes Brahms einnehmen, der mehrmals auf dem Altenstein zu Gast war. Der Altenstein wird sich damit zu einem kulturellen und touristischen Leuchtturm für die Region, für Thüringen und darüber hinaus entwickeln und seine Strahlkraft entfalten.

Zeittafel

7. Jh.	Gründung der Burg Stein
724	Errichtung einer Kapelle durch Bonifatius
1150	Ersterwähnung der Neuenburg, die Burg Stein wird zum „Alten Stein"
1346	Altenstein geht an die Thüringer Landgrafen (Wettiner Markgrafen)
1485	Leipziger Teilung: Altenstein kommt in das Eigentum der Ernestiner
1492–1722	Lehensbesitz der Familie Hund von Wenkheim
1722	Aussterben der Familie Hund von Wenkheim; Altenstein fällt an die Ernestiner zurück und damit an Sachsen-Meiningen
1733	Zerstörung der Burg Altenstein durch Brandstiftung
1736	Fertigstellung des neuen Schlosses nach Plänen des italienischen Baumeisters Alessandro Rossini
1798–1803	Erste Phase der Parkgestaltung unter Herzog Georg I.: Felspartien und Höhlen werden erschlossen und künstlerisch interpretiert: Ritterkapelle, Teufelsbrücke, Sennhütte mit Wasserfall, Denkmal Charlotte Amalie (Blumenkorbfelsen), Hohler Stein mit Chinesischem Häuschen, Rotunde, Katz- und Maushöhle, Große Höhle (Altensteiner Höhle)
1799/1800	Zunächst Pacht, dann Rückkauf des Ritterguts und Gerichts Liebenstein durch Georg I.
ab 1799	Systematischer Ausbau des Bades Liebenstein und Verknüpfung mit den Altensteiner Anlagen zu einer zusammenhängenden Kulturlandschaft
1803	Tod von Georg I.; viele seiner Gestaltungsvorhaben werden unvollendet eingestellt

1839–1855	Kern der zweiten Parkgestaltungsphase unter Herzog Bernhard II.: Fürst von Pückler-Muskau, Eduard Petzold und Peter Joseph Lenné wirken an der Schaffung weitläufiger Parkpartien (unter anderem Fohlenwiese, Katzenkopfwiese) mit; Erweiterung der Altensteiner Höhle
1882	Beginn der dritten Gestaltungsphase des Parks unter Herzog Georg II. nach dem Tod seines Vaters
1885–1887	Ausstattung der oberen, mittleren und unteren Gartenterrasse mit Pergolen
1888–1890	Grundhafter Umbau des Schlosses nach „altenglischen" Vorbildern; Neugestaltung der schlossnahen Parkbereiche; Neugestaltung der Schlossterrassen und Ausstattung mit Brunnen; Erstbepflanzung des großen Altensteiner Teppichbeetes 1890
1890er	Aufstellung der Bronzeplastiken Idolino, Diana, Hermes und Marsyas
1891	Modernisierung der Ziergärtnerei: unter anderem Neuerrichtung von Gewächshäusern mit großem Palmenhaus
1918	Abdankung des letzten regierenden Herzogs Bernhard III.; Altenstein verbleibt im Privatbesitz der ehemaligen herzoglichen Familie
1921	Errichtung der Grabanlage für Charlotte (gest. 1919) und Bernhard III. (gest. 1928) von Sachsen-Meiningen auf dem Altenstein
1941	Tod von Prinz Ernst von Sachsen-Meiningen; Altenstein wird im Folgejahr an das Land Thüringen verkauft
1943–1945	Das Schloss dient als Erholungsheim für Offiziere
1946–1982	Die Handwerkskammer nutzt das Schloss als Ferienheim
1951	Gründung einer Forstarbeiterschule in den Wirtschaftsgebäuden (Umwandlung 1958 in Agraringenieurschule)
1972	Bau eines Internatsgebäudes auf dem Gelände der vormaligen Schlossgärtnerei; Abriss der Glashäuser und des Palmenhauses

1982	Schlossbrand, die Innenausstattung geht fast vollständig verloren
1984	Beginn erster Sicherungsmaßnahmen am Schloss
1985/86	Neuaufbau des Schlossdachstuhls und Wiederherstellung einer Dacheindeckung
1986	Bildung einer „Parkbrigade" des Forstes zur professionellen Pflege der Anlagen
1992	Ausbildungsstätte Altenstein wird vom TÜV Thüringen übernommen; Gründung des Förderereins Altenstein-Glücksbrunn e. V.
1995	Zuordnung der Gesamtanlage in das Eigentum der Stiftung Thüringer Schlösser und Gärten
seit 2003	Jährlich originalgetreue Bepflanzung des Großen Altensteiner Teppichbeetes
2004–2006	Sanierung des südlichen Kavaliershauses und der östlichen Schlossterrassenmauer
2008–2013	Wiederherstellung der Parkszenerien Teufelsbrücke, Chinesisches Häuschen und Blumenkorbfelsen; Durchführung von Felssicherungsarbeiten
2017	Eröffnung der Brahmsausstellung und des Chinesischen Kabinettes im Schloss; Wiederherstellung der östlichen Schlossterrasse mit den Plastiken Marsyas und Hermes; Neugestaltung des östlichen Vorplatzes des Hofmarschallamtes
2019	Abschluss der Restaurierung der Schlossaußenhülle
2020	Erneuerung der Pergolen auf der oberen und mittleren Terrasse
2021	Außenstandort der Bundesgartenschau
2019–2022	Instandsetzung der Altensteiner Höhle durch die Stadt Bad Liebenstein, unter anderem Schaffung eines zusätzlichen Rettungsausganges, Neugestaltung der Außenanlagen und der Höhlenbeleuchtung

Weiterführende Literatur

Assing, Ludmila (Hg.): Briefwechsel und Tagebücher des Fürsten Hermann von Pückler-Muskau, Bd. 2.1, Hamburg 1873. – Bd. 9, Berlin 1876.

B[echstei]n, L[udwig]: Die Höhle in der Nähe des Bades Liebenstein, in: Meyer, H. J. (Hg.): Thüringens Merkwürdigkeiten aus dem Gebiete der Natur, der Kunst, des Menschenlebens e. c. Eine Zeitschrift in zwanglosen Heften, Arnstadt 1827, S. 17–33.

Bechstein, Ludwig: Wanderungen durch Thüringen (Das malerische und romantische Deutschland. In zehn Sektionen. IV. Thüringen), Leipzig o. J. [ca. 1838].

Erck, Alfred; Schneider, Hannelore: Adelheid: die Meiningerin auf dem englischen Königsthron. Ein Frauenschicksal während der ersten Hälfte des 19. Jahrhunderts, Meiningen 2004.

Erck, Alfred; Schneider, Hannelore: Georg II. von Sachsen-Meiningen. Ein Leben zwischen ererbter Macht und künstlerischer Freiheit, Zella-Mehlis/ Meiningen 1997.

Erck, Alfred; Schneider, Axel; Schneider, Hannelore: Georg II. von Sachsen-Meiningen. Ein Leben in Bildern, Meiningen 2014.

Foerster, Eva; Rostin, Gerhard (Hg.): Ein Garten der Erinnerung. Leben und Wirken von Karl Foerster – dem großen Garten-Poeten und Staudenzüchter, 5. Auflage, Hamburg 2001.

Herzoglich S. Coburg-Meiningisches jährliches gemeinnütziges Taschenbuch [für] 1802, Meiningen 1801.

Hofmann, Kurt; Hofmann Renate: Johannes Brahms auf Schloss Altenstein, Altenburg 2003.

Hofmann, Kurt; Hofmann Renate: Johannes Brahms auf Schloss Altenstein und am Meininger Hof (Amtlicher Führer der Stiftung Thüringer Schlösser und Gärten), Berlin/München 2012.

Lehfeldt, Paul; Voss, Georg: Bau- und Kunstdenkmäler Thüringens, H. 35: Herzogthum Sachsen-Meiningen, Bd. 1: Kreis Meiningen, Abt. 2: Amtsgerichtsbezirke Salzungen und Wasungen, hg. von Georg Voss, Jena 1910.

Lucke, Bertram: Die drei Sommerresidenzen des Herzogs Georg II. von Sachsen-Meiningen in Bad Liebenstein und auf dem Altenstein. Baugeschichte – Deutung – Denkmalpflege (Arbeitsheft, Bd. 6), hg. vom Thüringischen Landesamt für Denkmalpflege, Bad Homburg/Leipzig 1994.

Meininger Museen (Hg.): Anton Ulrich 1687–1763 Herzog von Sachsen-Meiningen. Ein Leben zwischen Eigensinn und Leidenschaft (Südthüringer Forschungen, Bd. 34), Meiningen 2015.

Meininger Museen (Hg.): Herzog Georg I. Ein Präzedenzfall für den aufgeklärten Absolutismus? Meiningen (Südthüringer Forschungen, Bd. 33 / Sonderveröffentlichung des Hennebergisch-Fränkischen Geschichtsvereins, Bd. 21), Meiningen 2004.

Mosengeil, Friedrich: Das Bad Liebenstein und seine Umgebungen, Meiningen 1815.

Nash, Joseph: The Mansions of England in the Olden Time, London 1839–1849.

Raddatz, Edith: Georg I. und der Altenstein, in: Altensteiner Blätter. Jahrbuch (2003/04), S. 14–32.

Rückert, Emil: Altensteins und Liebensteins Vorzeit, Hildburghausen 1852.

Schwerdt, Heinrich: Bad Liebenstein, in: Thüringen und der Harz, mit ihren Merkwürdigkeiten, Volkssagen und Legenden (Supplement-Band 8), Sondershausen 1844, S. 134–155.

Stephan, Peter: Die Gartenrevolution in Thüringen im Zeitalter der Aufklärung, in: Neu entdeckt. Thüringen Land der Residenzen 1485–1918 [Essayband zur 2. Thüringer Landesausstellung Schloss Sondershausen], Mainz 2004.

Storch, Christian: Vom Comödienhaus zum KurTheater. Das Theater in Bad Liebenstein von 1800 bis heute, Weimar 2014.

Storch, L[udwig]: Altenstein, in: Thüringen und der Harz mit ihren Merkwürdigkeiten, Volkssagen und Legenden. […], Bd. 1, Sondershausen 1839, S. 206–225.

Teubern, Ernst August Ludwig von: Das Bad zu Liebenstein im Sachsen-Meiningischen im Sommer 1804, in: Journal des Luxus und der Moden (September 1804), S. 442–456.

Thimm, Günther: „Man glaubt sich in der Schweiz" – Park Altenstein im Wartburgkreis, in: Stiftung Thüringer Schlösser und Gärten (Hg.): Gartenkünstler und ihr Wirken in historischen Gärten (Jahrbuch der Stiftung Thüringer Schlösser und Gärten, Bd. 21), Regensburg 2018, S. 136–153.

Thüringer Landesanstalt für Umwelt und Geologie – TLUG (Hrsg.): Die Schauhöhle Altenstein in Schweina. Natur- und Kulturgeschichte eines Geotops (Schriftenreihe der Thüringer Landesanstalt für Umwelt und Geologie, Nr. 55) Jena 2002.

Trotha, Hans von: Angenehme Empfindungen. Medien einer populären Wirkungsästhetik im 18. Jahrhundert vom Landschaftsgarten bis zum Schauerroman, München 1999.

Abbildungsnachweis

Herzoglich Coburg-Meiningisches jährliches gemeinnütziges Taschenbuch 1802, Meiningen 1801: S. 24, 31

Meininger Museen in der Kulturstiftung Meiningen-Eisenach: S. 22

Mosengeil, Friedrich: Das Bad Liebenstein und die neuen Arkadier. Naturgemälde und Erzählung, 2., sehr vermehrte Auflage, mit sieben Ansichten, Frankfurt am Main 1826: S. 27

Rimbach, Daniel (Foto): S. 40/41, 53, 56, 62, 63, 67, 68

Rimbach, Daniel (Privatsammlung): S. 4, 18, 26, 29, 43, 60

Rimbach, Kai (Foto): S. 50/51, 65

Rückert, Emil: Altensteins und Liebensteins Vorzeit, Hildburghausen 1852, Frontispiz: S. 12

Sächsisches Landesamt für Denkmalpflege: S. 37

Schatzkammer Thüringen, Marcus Glahn (Foto): Titelbild, S. 54, 59

Stiftung Thüringer Schlösser und Gärten, Hajo Dietz (Foto): S. 8/9; Constantin Beyer (Foto): S. 57, 58, 61, 72, 75, Umschlagrückseite

Stoll, Otto (Foto): S. 20

Thüringisches Landesamt für Denkmalpflege und Archäologie: S. 13; TI921F10: S. 46; S. 77

Thüringisches Staatsarchiv Meiningen, Hofbauamt, Mappe 1: S. 15; Hofbauamt 60: S. 17; S. 32

Ziebarth, Falk (Foto): S. 70